Bertil Stjernfelt/Klaus-Richard Böhme
Westerplatte 1939

Einzelschriften zur militärischen Geschichte
des Zweiten Weltkrieges

23

Herausgegeben vom Militärgeschichtlichen Forschungsamt

Bertil Stjernfelt / Klaus-Richard Böhme

Westerplatte 1939

Verlag Rombach Freiburg

Titel der Originalausgabe: Vägen till Westerplatte, Kristianstad 1978 (= Militärhistoriska Studier, Nr. 2).
Aus dem Schwedischen von Klaus-Richard Böhme
Die Skizzen wurden ausgeführt von Hans Gaenshirt, Vera Kluge und Rolf Schindler (Kartographische Zeichenstelle des Militärgeschichtlichen Forschungsamtes).

 Gesamtherstellung im Druckhaus Rombach+Co, Freiburg im Breisgau. Printed in Germany. ISBN 3-7930-0182-2

Vorwort des Herausgebers

Das Militärgeschichtliche Forschungsamt veröffentlicht zum 40. Jahrestag des Kriegsausbruchs 1939 mit vorliegendem Band der »Einzelschriften« einen weiteren militärgeschichtlichen Beitrag zur Geschichte des Zweiten Weltkrieges. Über eine begrenzte, überschaubare Kampfhandlung und zugleich einen der Vorgänge, durch die im Morgengrauen des 1. September 1939 der Zweite Weltkrieg mit seinen weitreichenden politischen, militärischen und wirtschaftlichen Folgen begonnen wurde, wird hier eine Arbeit der beiden schwedischen Militärhistoriker Bertil Stjernfelt und Klaus-Richard Böhme in deutscher Übersetzung vorgelegt. Die Arbeit wurde mit Hilfe deutscher Akten, polnischer nachträglicher Erlebnisberichte und durch Befragung überlebender Zeugen geschrieben. Ihr Gegenstand ist ein Feuerüberfall des anläßlich eines Flottenbesuchs im Danziger Hafen liegenden deutschen Linienschiffs »Schleswig-Holstein« auf die befestigte Westerplatte, das Scheitern des anschließenden Handstreichs und das siebentägige Ringen mit ihrer Besatzung.
Im Rückblick auf den raschen Zusammenbruch des polnischen Staates innerhalb weniger Wochen ist das Ausharren der kleinen Besatzung auf der Westerplatte für die polnische Geschichte zu einem der Symbole für den Lebenswillen und die Lebenskraft der polnischen Nation im Jahre 1939 auch gegenüber weit überlegenen Nachbarn geworden. Demgegenüber kann die siebentägige Verzögerung, die in diesem Raum dem deutschen Angriff durch etwa 200 polnische Soldaten auf einer Halbinsel von einem halben Quadratkilometer Größe bereitet wurde, zusammen mit dem Scheitern der Handstreiche auf die Weichselbrücken bei Dirschau und auf den Eisenbahntunnel am Jablunka-Paß als ein Beleg dafür angesehen werden, daß auf deutscher Seite Ausbildung und Planung in den ersten Kriegstagen den gestellten Aufgaben noch nicht voll entsprachen. So gilt den Vorgängen auf beiden Seiten – der Art und den Motiven der polnischen Ver-

teidigung wie der Vorbereitung und Führung des deutschen Angriffes – auch heute noch das Interesse des Historikers.
Die Darstellung des Kampfes selbst, in der die Lage und die Absichten beider Seiten gleichmäßig behandelt werden, ist besonders aufschlußreich für unsere Kenntnis von Führung und Einsatz der beteiligten Streitkräfte und damit ein Lehrstück für jeden an kriegsgeschichtlichen Vorgängen Interessierten. Der siebentägige Kampf verdeutlicht die von dem preußischen Generalmajor Carl von Clausewitz in seinem Werk »Vom Kriege« vertretene These, daß »die Verteidigung die stärkere Form des Kriegführens« sei. Die polnische Verteidigung konnte mit unterlegenen Kräften nachhaltiger und länger als ursprünglich geplant geführt werden, weil sie durch den Bau von befestigten Stellungen, das Anlegen von Hindernissen und die Bevorratung mit Munition und Verpflegung sorgfältig und gründlich vorbereitet war. Dazu kam als wesentliches Moment, daß die polnischen Soldaten nicht nur gut ausgebildet und diszipliniert, sondern auch von dem Willen zum Kampf gegen den deutschen Angreifer erfüllt waren.
Auch die deutschen Soldaten waren in hohem Maße einsatzwillig und tapfer. Aber Führung und Einsatz der Truppe zeigten beim Angriff, an dem Land-, Luft- und Seestreitkräfte beteiligt waren, erhebliche Mängel. Die Bedeutung des isolierten Stützpunktes Westerplatte für Operationen im Raum von Danzig war offenkundig erst sehr spät erkannt, die Möglichkeit seines Widerstandes lange Zeit unterschätzt worden. So fehlte den Oberkommandos des Heeres und der Marine von Anfang an ein einheitlicher Plan für ein enges, reibungsloses Zusammenwirken der Wehrmachtteile. Ihre Auffassungen über den Ablauf und die Reihenfolge der Operationen in diesem Raum waren nicht aufeinander abgestimmt. Die Luftwaffe wurde in die Überlegungen für die Einnahme der Westerplatte erst einbezogen, nachdem zwei Angriffe fehlgeschlagen waren. Ferner fehlte es an zureichender Information sowohl zwischen als auch innerhalb der Wehrmachtteile, was weitreichende Folgen hatte. Dies gilt besonders für den Angriff auf die Westerplatte selbst, bei dem wesentliche Informationen für die Beurteilung der Feindlage nicht herangezogen werden konnten. An der Unsicherheit bei der Führung des Angriffs zeigte sich das Fehlen einer gemeinsamen taktisch-operativen Ausbildung der Wehrmachtteile. Dagegen
 kann es nicht so sehr verwundern, daß die zu Lande eingesetzten

Kräfte bei ihrer Zusammensetzung aus Soldaten des Heeres und der Marine sowie Angehörigen der Danziger Polizei und SS-Heimwehr nicht über einen einheitlichen Ausbildungsstand verfügten. Da die Angriffe durch Artillerie und Luftwaffe nicht genügend vorbereitet waren, scheiterten sie unter vermeidbaren Verlusten. Wenn die Westerplatte letzten Endes doch von den deutschen Truppen eingenommen werden konnte, so lag es daran, daß die Polen der zunehmenden deutschen Übermacht nichts mehr entgegenzusetzen hatten.

Die Besonderheit dieses Bandes liegt darin, daß eine der ersten Kampfhandlungen des Zweiten Weltkrieges aus Quellen beider Seiten dargestellt werden konnte. Mit der detaillierten Klärung der taktisch-operativen Probleme ist der Band ein Beitrag der militärgeschichtlichen Forschung nicht nur für die allgemeine Geschichte und die interessierte Öffentlichkeit, sondern auch für die Ausbildung in den Streitkräften.

Ich danke beiden Autoren dafür, daß sie ihre Arbeit, die sich durch große methodische Sorgfalt in der Auswertung sehr unterschiedlicher zeitgeschichtlicher Quellen auszeichnet, zur Verfügung gestellt haben. Es ist dies ein weiterer Beweis für die fruchtbare Zusammenarbeit der Militärhistoriker im internationalen Rahmen.

Dr. Othmar Hackl
Oberst i. G.
Amtschef des
Militärgeschichtlichen Forschungsamtes

Inhalt

Fotos (nach S. 111)

Vorwort

Die ersten Schüsse des Zweiten Weltkriegs wurden auf die polnischen Stellungen auf der Westerplatte im Gebiet der Freien Stadt Danzig abgegeben. Das Feuer kam von dem deutschen Kriegsschiff »Schleswig-Holstein«, dem im Herbst 1939 eine dominierende Rolle im Kampf um dieses polnische Depot und um die polnische Küste überhaupt zufiel.
Auf schwedische Initiative hin verfaßte der ehemalige Kommandant, Kapitän z. S. Gustav Kleikamp, bereits 1948 darüber einen Bericht, der übersetzt in Schweden veröffentlicht wurde, allerdings weder in Deutschland noch in Polen Beachtung fand. Es entstand auch eine Reihe von Berichten polnischer Kriegsteilnehmer, und in den Arbeiten etlicher Forscher wurde die Verteidigung der Westerplatte behandelt. Schließlich wurde auch das zeitgenössische deutsche Quellenmaterial, u. a. das Kriegstagebuch der »Schleswig-Holstein«, der Forschung leichter zugänglich.
Damit wurde es möglich, Umstände und Verlauf der Kämpfe um die Westerplatte näher zu schildern. Das Material erlaubt es, den Verlauf der Kämpfe recht genau auf Kompanieebene darzustellen, und zwar sowohl auf der Seite des Verteidigers als auch auf der des Angreifers. Da diese Episode in der Anfangsphase des Krieges die höchsten Stellen, u. a. Hitler selbst, zum Eingreifen zwang, wird nicht zuletzt ein wichtiger Punkt der Führungsproblematik berührt.
Die Verfasser haben die Arbeit folgendermaßen unter sich aufgeteilt: Bertil Stjernfelt hat vor allem die auf polnischem Material basierenden Kapitel (4, 6, 7 und 10) und Klaus-Richard Böhme die auf deutschem Material beruhenden Kapitel (1, 3, 5, 8 und 9) verfaßt. Die übrigen Kapitel wurden gemeinsam geschrieben.
Für die deutsche Ausgabe hat Böhme die Kapitel 8 und 9 um einige detaillierte Angaben erweitert und auch einige vom Mili-

tärgeschichtlichen Forschungsamt in Freiburg kürzlich veröffentlichte Untersuchungen berücksichtigen können. Aus Kostengründen konnten nicht alle Bilder der schwedischen Ausgabe in die deutsche aufgenommen werden.
Die Untersuchung konnte dank der Unterstützung durch Institute und Privatpersonen in der Bundesrepublik Deutschland, Großbritannien, Polen und Schweden durchgeführt werden. Unser besonderer Dank gilt dem Kommandeur von Wojskowy Institut Historyczny, Oberst Professor E. Jadziak, sowie Professor A. Rzepniewski dort, Redakteur Z. Flisowski und Fregattenkapitän Dr. R. Witkowski, dem Bundesarchiv/Militärarchiv und dem Militärgeschichtlichen Forschungsamt und den Herren Kapitän z. S. a. D. Dr. F. Forstmeier, Kapitän z. S. a. D. Dr. P. Heinsius, Vizeadmiral a. D. G. Kleikamp (†), Oberstleutnant Dr. H. Rohde und Vizeadmiral a. D. Professor F. Ruge sowie The Polish Institute and Sikorski Museum und Kapitän z. S. Wroński. Außerdem danken wir Professor B. Calleman, Kapitän z. S. A. Kull, O. Möller, M. Wojcikowski-Ericson sowie unseren Mitarbeitern an den Schreibmaschinen für ihre wertvolle Mithilfe.

Stockholm im März 1979

Bertil Stjernfelt Klaus-Richard Böhme

1. Vorspiel und Ausgangslage

Am 21. März 1939 forderte Hitler von Polen:

1. Die Freie Stadt Danzig darf sich mit dem Deutschen Reich vereinigen.
2. Eine exterritoriale Verbindung zwischen Ostpreußen und dem übrigen Deutschland wird geschaffen.

Da Polen meinte, diese von Hitler bewußt zu hoch gestellten Forderungen nicht erfüllen zu können, scheiterten die deutsch-polnischen Verhandlungen am 26. März. Am 31. März gaben Großbritannien und Frankreich Garantieerklärungen für die Unabhängigkeit Polens ab. Im Gegenzug kündigte Hitler sowohl den deutsch-polnischen Nichtangriffspakt von 1934 als auch das deutsch-englische Flottenabkommen aus dem Jahre 1935[1].

Am 3. April befahl Hitler der Wehrmacht, Angriffspläne gegen Polen auszuarbeiten. Zu diesem Zeitpunkt mußten die deutschen Militärs damit rechnen, daß ein Angriff auf Polen nicht nur zum Krieg mit Großbritannien und Frankreich, sondern auch mit der Sowjetunion, die 1935 einen Beistandspakt mit Frankreich abgeschlossen hatte, führen konnte[2]. Im Sommer 1939 änderte jedoch Hitler seine Politik seinem – zumindest laut nationalsozialistischer Propaganda – ideologisch größten Feind, der Sowjetunion, gegenüber. Auch Stalin beurteilte zu diesem Zeitpunkt ein Zusammenwirken mit Deutschland als vorteilhafter für die Sicherheit der Sowjetunion als eine Zusammenarbeit mit Polen und den Westmächten. Am 23. August wurde ein russisch-deutscher Nichtangriffsvertrag unterzeichnet. In geheimen Zusatzprotokollen einigten sich Deutsche und Russen u. a. auf die Teilung Polens.

1 Dahms, S. 39 ff.; Gruchmann, S. 11 f.; Salewski, Bewaffnete Macht, S. 263 ff.; Messerschmidt, S. 668 ff.

2 Jacobsen, 1939–1945, S. 12; Dahms, S. 30; Gruchmann, S. 13; Jurga, S. 549 ff.

Der Nichtangriffspakt mit der Sowjetunion verbesserte Deutschlands strategische Lage und bestärkte Hitler in seiner Auffassung, die Garantieerklärung der Westmächte für Polen sei ein Bluff, da sie im Falle eines deutschen Angriffs Polen niemals militärisch entsetzen könnten. Hitler war ziemlich sicher, die Westmächte würden sich mit einem deutschen Sieg über Polen abfinden, vor allem wenn er schnell errungen würde[3].
Der Angriff auf Polen sollte am 26. August beginnen. Er wurde aufgeschoben, da England zu vermitteln versuchte und Italien nicht bereit war, Deutschland zu unterstützen. Aber am Morgen des 1. Septembers 1939 griffen die Deutschen auf breiter Front an. Am 18. September war jeglicher zentral geleiteter militärischer Widerstand in Polen gebrochen. Doch verteidigten sich polnische Verbände stellenweise noch bis zum 5. Oktober. Besonders hartnäckigen Widerstand leisteten die Besatzungen von Warschau, Modlin und Hela. Warschau fiel am 27. September, Modlin am 28. September, und die Verteidiger der Halbinsel Hela kapitulierten am 1. Oktober[4].
In dem deutschen Angriffsplan, der weiter unten behandelt wird, spielte die polnische Küste nur eine zweitrangige Rolle. Aber aus politischen und psychologischen Gründen war es wünschenswert, sie schnell zu erobern. Die polnische Küstenverteidigung lag nämlich in der Nähe überwiegend deutsch besiedelter Gebiete – vor allem Danzigs –, und es war zu befürchten, daß die dortige Bevölkerung Kampfhandlungen ausgesetzt sein würde[5]. Dazu kam es zwar nicht, aber der für die Deutschen überraschend hartnäckige polnische Widerstand war eine psy-

[3] Jacobsen, 1939–1945, S. 101 f., 457; Dahms, S. 44 ff., 58 ff.; Gruchmann, S. 13 ff.; Salewski, Bewaffnete Macht, S. 274 ff.; Messerschmidt, S. 681 ff.

[4] Jacobsen, 1939–1945, S. 15 f.; Dahms, S. 61 ff.; Gruchmann, S. 15 ff.; Bethell, S. 5 ff.; Salewski, Bewaffnete Macht, S. 283 ff.; Messerschmidt, S. 697 f. In der Literatur findet sich vielfach die falsche Angabe, Hela habe am 2. Oktober 1939 kapituliert. Nach BA-MA, M 887, Kriegstagebuch der »Schleswig-Holstein«, 1. 10. 1939, unterschrieben die polnischen Unterhändler die Kapitulation am 1. Oktober um 19.30 Uhr. Um 23.30 Uhr in derselben Nacht teilte Konteradmiral Unrug über Funk mit, er nehme die Kapitulationsbedingungen an. Am 2. Oktober besetzten die Deutschen Hela und nahmen die polnische Besatzung gefangen. Vgl. Bachmann, Kampf um Hela, S. 294.

[5] Zu den Verhältnissen in Danzig vgl. Denne, S. 18 ff., 91 ff., und Jacobsen (1968), S. 161, 389, 403, 422, 438, 770, 777, 805, 808, 812, 819, 826, 828, 830. Vgl. Vormann, S. 59, 70. Vgl. Halder, S. 12, 27.

chologische Belastung für die deutsche politische Führung, sowohl der eigenen Bevölkerung als auch dem Ausland gegenüber. Dieser Widerstand konnte nämlich Zweifel an der von der deutschen Propaganda behaupteten Schlagkraft und totalen Überlegenheit der Wehrmacht hervorrufen.
Umgekehrt erschien der Kampf der polnischen Küstenverteidigung als vorbildlich und symbolisch für den polnischen Widerstandswillen. Dies ist auch die offizielle Auffassung der Volksrepublik Polen seit 1945, was sich auch darin zeigt, daß man an einigen der im September 1939 verteidigten Plätze, vor allem auf der Westerplatte, Denkmäler errichtet hat.

2. Danzig im Brennpunkt

Eine der schwierigsten Fragen auf der nach Ende des Ersten Weltkriegs in Versailles stattfindenden Friedenskonferenz war die staatliche Zugehörigkeit Danzigs[1]. Aus historischen, politischen und wirtschaftlichen Gründen forderte Polen die Stadt. Die Deutschen widersetzten sich dieser Forderung vor allem mit dem Hinweis darauf, daß Danzigs Bevölkerung zu über 90 % deutsch sei. Die Siegermächte einigten sich auf einen Kompromiß. Die Stadt mit ihrem Umland sollte einen eigenen Staat, die Freie Stadt Danzig, bilden, der unter den Schutz des Völkerbunds gestellt wurde. Das Staatsgebiet umfaßte die alte Hansestadt mit Umgebung, einschließlich des Deltas und der Mündung der Weichsel.

Polen wurden jedoch gewisse Sonderrechte in dem neuen Staat eingeräumt. Mit einigen Einschränkungen sollte er außenpolitisch von Polen vertreten werden. Auch wurde er in den polnischen Zollbereich einbezogen. Die Polen durften den Danziger Hafen sowie die Wasser- und Eisenbahnverbindungen der Stadt frei benutzen. Auch durften sie Post- und Telefonverkehr zwischen dem Danziger Hafen und Polen überwachen. Der polnischen Minderheit in Danzig wurden Sonderrechte zugestanden.

Danzig durfte nicht befestigt werden oder als Flottenstützpunkt dienen, sondern sollte prinzipiell entmilitarisiert sein. Falls nötig, sollte der Völkerbund seinen militärischen Schutz übernehmen. Der Völkerbund beauftragte generell Polen mit der Verteidigung Danzigs, jedoch mit der entscheidenden Einschränkung, daß militärische Maßnahmen erst auf seinen Beschluß hin ergriffen werden durften.

Der Völkerbund übte seine Hoheit in Danzig durch einen Hohen Kommissar aus. Die polnische Regierung, die Danzigs

1 Das Folgende, so nicht anders erwähnt, nach Denne.

außenpolitische Interessen wahr nahm, war in der Stadt durch einen Gesandten mit dem Titel Generalkommissar vertreten.
Der Versailler Vertrag legte nur den Rahmen für die neue staatliche Ordnung fest. Die Einzelheiten sollten durch Abkommen zwischen Danzig und Polen geregelt werden. Aber weder diese Staaten noch Deutschland wollten sich mit dem Friedensvertrag abfinden. Polen arbeitete weiter darauf hin, sich das Gebiet einzuverleiben. Danzig und Deutschland strebten eine Wiedervereinigung an. Unter diesen Voraussetzungen kam es zu einer Reihe von den Völkerbund ständig beschäftigenden Streitigkeiten zwischen Danzig und Polen.
Während des Krieges zwischen der Sowjetunion und dem neugebildeten polnischen Staat weigerten sich 1920 die Danziger Hafenarbeiter, auf französischen Schiffen eingetroffenes, für Polen bestimmtes Kriegsmaterial zu löschen. Diese Erfahrung trug zu dem Beschluß Polens bei, einen neuen Seehafen in Gdingen (Gdynia) anzulegen. Gleichzeitig wurde dieser Hafen zum Symbol des wiedererstandenen Polens. Mit staatlicher Unterstützung entwickelte er sich schon bald zu einem ernstlichen Konkurrenten des Danziger Hafens.
Außerdem verlangten die Polen aufgrund der 1920 aufgetauchten Probleme, daß ihnen erlaubt werde, in Danzig ein Durchgangslager für Kriegsmaterial und Munition anzulegen. Diese Forderung hielt der Völkerbund für berechtigt. Im Jahre darauf nahm er eine Entschließung an, laut der Polen ein Gebiet »zur Ausrüstung und vorübergehenden Lagerung und zum Weitertransport von eingeführtem Kriegsbedarf« zugestanden wurde. Erst 1924 aber wurde die Westerplatte zum Platz für dieses Depot bestimmt. Und es verging ein weiteres Jahr, ehe die Stärke der Wachmannschaft auf höchstens 88 Mann festgesetzt wurde[2].
Die wirtschaftlichen Gegensätze zwischen Polen und Danzig wurden weiter durch den Anfang der zwanziger Jahre ausbrechenden deutsch-polnischen Zollkrieg verschärft. Die Polen meinten, deutsche Waren würden aus der Freien Stadt nach Polen geschmuggelt. Danzig wiederum behauptete, die Polen wollten seinen Warenaustausch mit Deutschland einschränken, wodurch sie auf ungebührliche Weise das Wirtschaftsleben der Stadt schädigten.

[2] Witkowski, S. 142 f.

Der Entwicklung in Deutschland entsprechend hatten auch die Danziger Nationalsozialisten starken Zulauf. Bei den Wahlen zum Danziger Parlament – dem Volkstag – im Mai 1933 erhielten sie 50,03 % der Stimmen. Senatspräsident und damit Chef der Danziger Regierung wurde Hermann Rauschning.
Dieser Wahlerfolg dürfte durch eine Demonstration polnischer Stärke erleichtert worden sein. Polen fürchtete, der Vormarsch Hitlers und seiner Partei könnte die Danziger Nationalsozialisten zu einem Handstreich gegen die Westerplatte inspirieren. Auch daß der Danziger Senat die Polen aus der bis dahin gemeinsam gebildeten Hafenpolizei ausschloß, empfand man als eine verhüllte Drohung. Um klarzustellen, daß man sich nicht mit einer für Polen gefährlichen Entwicklung abzufinden gedachte, landeten die Polen am 6. März 1933, am Tage nach der für die Nationalsozialisten erfolgreichsten Wahl in Deutschland, eine verstärkte Kompanie Marineinfanterie auf der Westerplatte[3]. Der Völkerbund zwang jedoch Polen, die Besatzung wieder auf die zulässige Stärke zu reduzieren. Aber die militärische Demonstration hatte sich auch gegen Deutschland gerichtet, wo sie nach polnischer Auffassung auch Eindruck machte: Eine Warnung – bis hierher und nicht weiter[4].
Der polnischen Furcht vor einem von Deutschland inspirierten militärischen Handstreich in Danzig entsprach eine zumindest ebenso große Angst auf der anderen Seite. Der Danziger Senat hatte dem Völkerbund die Verstärkung der polnischen Garnison auf der Westerplatte gemeldet und sie als direkte Bedrohung der Sicherheit der Freien Stadt bezeichnet.
Im Gegensatz zu polnischen Befürchtungen versuchte aber Rauschning, eine gemäßigte Politik zu führen, nicht zuletzt Polen gegenüber. Diese Politik schien auch schon bald auf der Linie Hitlers zu liegen. Äußerlich kam es nämlich zu einer deutsch-polnischen Annäherung, die dazu führte, daß der Zollkrieg beendet und im Januar 1934 ein deutsch-polnischer Nichtangriffspakt unterzeichnet wurde.

[3] Wereszycki, S. 690. Die Angaben über die Höhe der Verstärkung sind unterschiedlich. Carr, S. 33: polnische Marinesoldaten. Denne, S. 31: »hundert Polizisten«, bewaffnet mit Maschinengewehren und anderen Waffen. Witkowski, S. 143: 120 Soldaten. Sie wurden mit dem Transportschiff der polnischen Marine »Wilia« überführt und kamen von dem Marinebataillon Wejherowo.

[4] B. S., Interview mit Rzepniewski.

Die Politik Rauschnings wurde aber von dem radikalen Flügel der Danziger nationalsozialistischen Partei, geführt von Arthur Greiser und Gauleiter Albert Forster, bekämpft. Sie fanden auch bei Hitler Rückhalt. Zwischen dem »Führer« und seinem Danziger Gauleiter bestanden gute Beziehungen. Das erwies sich in der kommenden Zeit als bedeutungsvoll. Im November 1934 demissionierte Rauschning. Neuer Senatspräsident wurde Greiser.

Nach diesem Machtwechsel traten die Nationalsozialisten offen dafür ein, Danzig politisch gleichzuschalten und mit Deutschland zu vereinigen. Die politische Opposition, die Gewerkschaften und die Juden wurden verfolgt. Die Zeitungen der Opposition wurden zum Schweigen gebracht. Der Völkerbundskommissar wurde in der Ausübung seines Amtes behindert.

Der Völkerbund, der immer mehr an Ansehen verloren hatte, konnte diese Entwicklung nicht verhindern. Die Großmächte unterstützten nämlich nicht seine Forderung, in Danzig Gesetz und Ordnung aufrechtzuerhalten. Sie versuchten statt dessen, sich direkt mit Hitler zu einigen. Auch Polen glaubte, seine Rechte und Interessen besser in direkten Verhandlungen mit Deutschland und Danzig als über den Völkerbund wahrnehmen zu können.

Die Danziger Nationalsozialisten riefen immer lauter nach einer Wiedervereinigung mit Deutschland. Mehr oder weniger begründete Gerüchte über einen Handstreich liefen um. Aber diese aktiven Gruppen wurden von Hitler zurückgehalten, der noch im Frühjahr 1939 nach außen hin gute Beziehungen zu Polen wünschte. Für ihn war von jetzt an nicht die Einverleibung Danzigs, sondern die Zerschlagung Polens und auf längere Sicht die Gewinnung von Lebensraum noch weiter östlich das Hauptziel. Die aufsehenerregende Danzig-Frage konnte als Vorwand für einen Krieg gegen Polen dienen, durfte ihn aber nicht auslösen. Im November 1938 erhielt das Oberkommando der Wehrmacht (OKW) Befehl, einen Handstreich gegen Danzig zu planen, der in politisch günstiger Lage, d. h. wenn ein Krieg mit Polen und vor allem mit den Westmächten ausgeschlossen wäre, durchgeführt werden konnte.

Im Frühjahr 1939 aber hatte sich Hitler mehr oder weniger zum Krieg gegen Polen entschlossen. Jetzt bestand kein Grund mehr, die Danziger Parteigenossen zurückzuhalten. Im Gegenteil, nun wurde die Remilitarisierung Danzigs gefördert. U. a. wurden 1 000 Mann SS dorthin geschickt, die zusammen mit 500 Freiwilligen aus dem Danziger Gebiet die sogenannte SS-Heimwehr bildeten[5]. Durch die Straßen der Stadt zogen bewaffnete Kolonnen, denen motorisierte Verbände folgten. Der Danziger Senatspräsident erklärte, es handele sich um eine halbmilitärische Übung und man habe Offiziere und SA-Einheiten aus Ostpreußen eingeladen, als Gäste daran teilzunehmen. Aus Deutschland wurde der Generalmajor der Polizei Friedrich Eberhardt als Kommandeur über die in Danzig aufgestellten Verbände dorthin entsandt. Diese Verbände wurden mit aus Deutschland eingeschmuggelten Waffen versehen.

Als die Polen unter Ausnutzung ihrer Zollhoheit versuchten, diesen Waffenschmuggel zu unterbinden, brach ein neuer Zollkrieg zwischen Polen und Danzig aus. Aber im übrigen suchten die Polen auf jede Weise, eine Verschärfung der Lage zu vermeiden. So protestierten sie nicht, als sich Gauleiter Forster am 23. August 1939 zum Staatsoberhaupt Danzigs ernennen ließ. Und sie hatten auch nichts gegen einen von Deutschland bereits im Juni für den 25. August 1939 angemeldeten Besuch eines Kriegsschiffes eingewendet[6].

Dieser scheinbar rein konventionelle Besuch war im deutschen Aufmarsch gegen Polen eingeplant. Als das schließlich angekündigte Schiff, das Linienschiff »Schleswig-Holstein«[7], programmgemäß gegenüber der Westerplatte festmachte, hatte es bereits einen eindeutigen Kampfauftrag in dem gegen Polen geplanten Krieg[8].

5 Zur Remilitarisierung Danzigs siehe auch Klietmann, S. 419 f. Zur Planung der deutschen Marine in diesem Zusammenhang siehe Dülffer, S. 488.

6 Im August wollte Hitler durch einen großen Flottenbesuch in Danzig den Polen die Stärke der deutschen Kriegsmarine demonstrieren. Zwei Panzerschiffe, zwei Kreuzer, zwei Zerstörerdivisionen und zwei U-Bootflottillen sollten ohne vorherige Anmeldung bei der polnischen oder der Danziger Regierung nach Danzig entsandt werden. Das Auswärtige Amt riet jedoch von dieser Art psychologischer Kriegführung ab, und der Plan wurde fallengelassen. Man begnügte sich mit dem Besuch eines Schiffes und hielt sich an die vertraglichen Bestimmungen.

7 Nach damaliger deutscher Terminologie war die »Schleswig-Holstein« ein Linienschiff. Nach internationalen Regeln galt sie ab 1935 als Schlachtschiff, da ihre Wasserverdrängung größer als 8 000 to und ihre schwere Artillerie ein Kaliber über 20,3 cm hatte. Seit 1936 diente die »Schleswig-Holstein« als Schulschiff zur Ausbildung von Kadetten. Die Polen bezeichnen sie stets als Panzerschiff. Angaben von Allan Kull.

8 Siehe Kapitel 5.

3. Deutsche Literatur und Quellen

Der Kampf um die polnische Küste spielte sich auf drei Frontabschnitten ab:

1. Vom 1. bis zum 7. September auf der Westerplatte
2. Vom 1. bis zum 19. September im Küstenstreifen zwischen der deutschen und der Danziger Grenze
3. Vom 1. September bis zum 1. Oktober auf der Halbinsel Hela.

Im Rahmen der deutschen Operationen gegen diese Abschnitte wurden auch die polnische Marineluftwaffe und die Kriegsschiffe, die in polnischen Häfen verblieben waren, vernichtet[1].
Die Operationen gegen die polnische Küstenverteidigung sind verschiedentlich beschrieben worden. Die deutschen Tageszeitungen berichteten darüber, und sie wurden während des Krieges in einer Reihe populärer deutscher Veröffentlichungen geschildert. Selbstverständlich enthielten diese Zeitungsartikel und Publikationen außer etlichen Fehlern nur solche Angaben, die von den damaligen politischen und militärischen Machthabern Deutschlands akzeptiert wurden, und sie können deshalb fast nur als Überreste der deutschen Propaganda benutzt werden.
Zwei deutsche Veröffentlichungen aus dieser Zeit fallen jedoch aus diesem Rahmen. Im Jahre 1941 veröffentlichte der damalige Kapitän z. S. Friedrich Ruge einen Artikel »Von der Tätigkeit der Kriegsmarine, insbesondere der Minensuchboote, im Kampf gegen Polen im Herbst 1939«. Ruge hatte die gegen Polen eingesetzten Minensuchboote geführt. Zwei Jahre später gab das Oberkommando der Kriegsmarine (OKM) eine Dienstschrift »Die deutsche Kriegsmarine im Feldzug gegen Polen. September 1939« heraus. Sie erschien in der Reihe »Operatio-

[1] Bachmann, Kampf um Hela, S. 279 ff. Vgl. Jurga, S. 540, 547 f.

nen und Taktik. Auswertung wichtiger Ereignisse des Seekrieges« und war nur für den Dienstgebrauch freigegeben[2].
Beide Arbeiten nahmen natürlich große Rücksicht darauf, was politisch genehm war. Aber die den Kriegstagebüchern der an den Kämpfen beteiligten Einheiten entnommenen Angaben über das tatsächlich Geschehene sind im wesentlichen korrekt, wenn auch bei weitem nicht vollständig. Letzteres gilt besonders für Ruges frei zugänglichen Beitrag.
Nach dem Krieg veröffentlichte Hans R. Bachmann in dänischen und westdeutschen Zeitschriften zwei Aufsätze über die polnische U-Bootwaffe und außerdem einen Beitrag über die Kämpfe um die Halbinsel Hela. Er stützte sich auf polnische und deutsche Literatur und vor allem auf zeitgenössisches deutsches Quellenmaterial, nicht zuletzt auf die Kriegstagebücher, sowie auf polnische Berichte, die jedoch alle erst lange nach den Ereignissen entstanden sind.
Entsprechende Untersuchungen über die Kämpfe um die anderen Küstenabschnitte liegen nicht vor. Die umfangreiche polnische Nachkriegsliteratur geht zwar sehr ausführlich auf diese Kämpfe ein, aber nahezu ausschließlich gestützt auf die spät entstandenen polnischen Berichte sowie auf die während des Krieges in öffentlich erschienenen deutschen Publikationen gemachten Angaben. Ruges Aufsatz ist der polnischen Forschung bekannt, dagegen nicht die vom OKM herausgegebene Darstellung. Völlig unbeachtet blieben die Kriegstagebücher der deutschen Verbände[3].
Bereits 1949 veröffentlichte Bertil Stjernfelt in der »Tidskrift för kustartilleriet« einen Bericht über die Kämpfe um die Westerplatte, der auf seine Anregung hin von dem ehemaligen Kommandanten der »Schleswig-Holstein«, Kapitän z. S. Gustav Kleikamp, verfaßt war. Offensichtlich konnte oder wollte Kleikamp seinen Bericht nicht auf Quellen aus damaliger Zeit stützen.
Folglich fehlt eine Untersuchung über die Kämpfe um die We-

2 M. Dv. 601/11. Ex. Nr. 167, das im BA-MA: M 157/8 überliefert ist, ist benutzt worden.

3 Die Polen haben von dem deutschen Material eigentlich nur den Einsatzbefehl für die »Schleswig-Holstein« vom 28. 8. 1939 benutzt. Dieser Befehl wurde im Nürnberger Prozeß als Beweismaterial des Vertreters der Anklage vorgelegt.

sterplatte, gestützt auf zeitgenössische deutsche Quellen, nicht zuletzt auf das Kriegstagebuch der »Schleswig-Holstein«.

Die in diesem Zusammenhang interessierenden Unterstellungsverhältnisse in der deutschen Marine waren:

OKM/Seekriegsleitung in Berlin

|

Marine-Gruppenkommando Ost in Kiel
(während des Krieges in Swinemünde)

|

»Schleswig-Holstein«

Die Kriegstagebücher beider Stäbe und der »Schleswig-Holstein« sind überliefert und befinden sich im Bundesarchiv – Militärarchiv in Freiburg i. Br.

Die deutsche Marine führte im allgemeinen die Kriegstagebücher sehr sorgfältig. Sie sollten täglich geführt werden. Es ist bekannt, daß zumindest die Seekriegsleitung diese Regel befolgte[4].

Am wichtigsten ist für diese Arbeit das Kriegstagebuch der »Schleswig-Holstein«, auf das die unten folgende Schilderung des Geschehens auf deutscher Seite, falls nicht anders erwähnt, aufbaut. Es wurde von dem Kommandanten, Kapitän z. S. Gustav Kleikamp, geführt. Es besteht aus dem eigentlichen Tagebuch und aus einem Beilagenband, in dem die im KTB genannten Befehle, Funksprüche, Karten usw. gesammelt sind. Außerdem liegen zwei Bände mit den in der Zeit zwischen dem 24. August und dem 7. September gesammelten Funksprüchen sowie ein Funktagebuch, das entschlüsselte Texte enthält, vor[5].

4 Über die Kriegstagebücher der Seekriegsleitung siehe Salewski, Kriegstagebuch, und Seekriegsleitung, Bd 2, S. 657 ff.

5 Das eigentliche Kriegstagebuch ist mit Schreibmaschine geschrieben. Der hier interessierende Teil umfaßt 77 Seiten mit jeweils 29 bis 30 Zeilen. Der Reinschrift, die unter Kleikamps Aufsicht von einem besonders vereidigten Schreiber gefertigt wurde, dürfte ein Konzept oder Entwurf, dürften zumindest aber Notizen mit gewissen Zeitangaben zugrundegelegen haben. Aber diese Unterlagen sind nicht überliefert. Selbstverständlich hatte Kleikamp, bevor der Text ins Reine geschrieben wurde, die Möglichkeit, gewisse Änderungen vorzunehmen oder nachträglich angestellte Überlegungen einfließen zu lassen. Derartige Partien finden sich auch, sind aber selten. Andererseits hatte Kleikamp nicht sehr viel Zeit für derartige Änderungen und nachträgliche Überlegungen. Der hier interessierende Teil des Kriegstagebuches mit den Aufzeichnungen bis einschließlich zum 14. September wurde nämlich mit einer Kopie und sämtlichen Beilagen am 27. September 1939 dem Marine-Gruppenkommando Ost in Kiel zugestellt.

Sehr wichtig ist, daß die Angaben des Kriegstagebuchs in den meisten Fällen durch gleichzeitige Befehle, Funksprüche, Berichte u. a. belegt werden. Das macht diese Angaben, soweit sie sich auf die deutschen Maßnahmen und die Zeitangaben beziehen, meistens glaubwürdig.

Neben den genannten Kriegstagebüchern der Marine ist auch das Kriegstagebuch des Kommandierenden Admirals der Marinestation der Ostsee herangezogen worden. Außerdem sind besonders für die Darstellung der deutschen Überlegungen hinsichtlich der Westerplatte am 2. und 3. September 1939 die Kriegstagebücher der Heeresgruppe Nord, des Führers der Luft Ost, der Küstenfliegergruppe 306, der Küstenfliegergruppe 506 und des III./Stuka-Geschwader 2 sowie das von Hans-Adolf Jacobsen herausgegebene private Kriegstagebuch des Chefs des Generalstabes des Heeres, Generaloberst Halder, ausgewertet worden.

Schließlich stützen sich einige detaillierte Angaben auf die Kriegstagebücher des Führers der Minensuchboote Ost, von »T 196« und der »von der Groeben«.

In diesem Zusammenhang ist zu erwähnen, daß keine Kriegstagebücher der in Danzig aufgestellten Verbände gefunden wurden. Auch das Kriegstagebuch der für die deutsche Luftkriegführung in diesem Raum zuständigen Luftflotte 1 scheint verlorengegangen zu sein.

Außer den oben aufgeführten Tagebüchern sind zwei, von Besatzungsmitgliedern der »Schleswig-Holstein« gleichzeitig geführte Tagebücher überliefert. Sowohl der Musikmeister Willi Aurich als auch der Schiffsarzt Dr. med. habil. Ernst Heinsius führten Tagebuch.

Aurichs Tagebuch wurde, mit ausführlichen Kommentaren versehen, im Jahre 1974 von dem Polen Marian Pelczar herausgegeben. Wahrscheinlich machte Aurich von der zweiten Augusthälfte 1939 an bis in den Winter 1939/40 täglich Aufzeichnungen. Etwas später scheint er diese Aufzeichnungen ins Reine geschrieben zu haben. Die Reinschrift mit einer Reihe von beigegebenen Fotografien und Zeitungsausschnitten wurde in der Wohnung eines deutschen Polizisten in Zoppot bei Danzig verwahrt. Dort wurde sie 1945 von den Polen gefunden. Als Pelczar sie in die Hand bekam, fehlten mindestens acht Seiten. Die Aufzeichnungen für die Zeit vom 25. August bis zum 7. September 1939

sind jedoch, ausgenommen die ersten Angaben über den 25. August, erhalten.
Über das Kriegstagebuch der »Schleswig-Holstein« hinausgehende Aufschlüsse über den Verlauf der Kämpfe gibt Aurich nicht. Im Gegenteil, seine Angaben sind aus verständlichen Gründen viel allgemeiner und unbestimmter. Aber er vermittelt im Gegensatz zum Kriegstagebuch einen Eindruck von der Stimmung an Bord.
Heinsius hielt vor allem medizinisch wichtige Ereignisse und Tatsachen fest. Sein Tagebuch ist die wichtigste Quelle über die Verluste der deutschen Marine in den Kämpfen um die Westerplatte.

4. Polnische Quellen und Literatur

Im allgemeinen hinterläßt der Sieger weit mehr Kriegstagebücher, Befehle und andere Dokumente über Kriegsoperationen als der Verlierer. Dies gilt vor allem für kleinere Einheiten und Stäbe, die direkt in die Kämpfe verwickelt sind. Der allgemein gültige Befehl, geheimes und anderes wichtiges Material zu vernichten, ehe es dem Gegner in die Hände fallen kann, ist dort der geringeren Menge wegen leichter auszuführen.
Wer über die Küstenoperationen im deutsch-polnischen Krieg forscht, stellt bald fest, daß die Quellenlage auf beiden Seiten höchst unterschiedlich ist. Polnische Kriegstagebücher oder ähnliche Quellen über die Kämpfe um die Stützpunkte Westerplatte und Hela in der Danziger Bucht scheinen nicht überliefert zu sein. Die beiden ranghöchsten dort kommandierenden Offiziere haben selber die Gründe dafür genannt.
Major Henryk Sucharski, Kommandant der Westerplatte, ließ unmittelbar nach dem schweren Bombenangriff am 2. September Chiffrierunterlagen und andere Dokumente sowie Verteidigungs- und Verstärkungspläne verbrennen, denn seiner Beurteilung nach konnte die Lage, falls ein erneuter Infanterieangriff erfolgte, sehr ernst werden[1]. Sein unmittelbarer Vorgesetzter, Konteradmiral Józef Unrug, leitete während des Krieges die Küstenverteidigung von seinem Gefechtsstand auf Hela. Auf seinen Befehl wurden alle Dokumente vernichtet, bevor die Deutschen einen Monat später die Halbinsel besetzten[2]. Das Kriegstagebuch seines Stabes hätte es anderenfalls ermöglicht, das Geschehen auf der Westerplatte zu verfolgen, zumindest solange Nachrichtenverbindung mit ihr bestand.
Dennoch beruft man sich in der umfangreichen polnischen Lite-

1 Sucharski, in: Flisowski, S. 51.

2 Unrug, S. 8. Vor der Kapitulation verbrannte man auch die Geldscheine der Devisenreserve der polnischen Bank in Gdingen. Sie waren zuvor von dort nach Hela gebracht worden. Ebd., S. 6.

ratur über diesen polnischen Außenposten auf eine Quelle, die als »Kriegstagebuch der Besatzung auf der Westerplatte« bezeichnet wird. Auf den ersten Blick weist dieses Dokument auch große Ähnlichkeit mit dem zeitgenössischen Kriegstagebuch eines kämpfenden Verbandes auf. Täglich wurden in chronologischer Folge kurze, oftmals telegrammartige Notizen gemacht. Es erweist sich jedoch, daß dies sogenannte Kriegstagebuch sechs Jahre nach den Ereignissen von dem Stellvertreter und dem Adjutanten Major Sucharskis, Hauptmann Franciszek Dąbrowski und Oberleutnant Stefan Grodecki, zusammengestellt wurde. Das Tagebuch basiert auf den Erinnerungen der beiden Offiziere und anderer, im Küstengebiet wohnender Verteidiger der Westerplatte. Es handelt sich also um eine nachträgliche Konstruktion. Diese Zusammenstellung wurde in einer Broschüre über die Kämpfe um die Küste im Jahre 1939 abgedruckt, die in großer Eile nach Kriegsende ausgearbeitet und im September 1945 in Gdingen publiziert wurde. Das sogenannte Kriegstagebuch, das später von Zbigniew Flisowski in einem Buch über die Westerplatte nachgedruckt wurde[3], enthält etliche Fehler und Entstellungen. In seinen Anmerkungen hat Flisowski versucht, sie zu berichtigen. Seine Edition ist für diese Untersuchung herangezogen worden[4].

Es liegt außerdem ein später Bericht des Vorgesetzten der beiden genannten Offiziere, Major Sucharskis, vor[5]. In Flisowskis Buch nimmt er einen zentralen Platz ein. Auch der Bericht des Kommandanten der Westerplatte wurde 1945 abgeschlossen, doch seine Entstehungsgeschichte ist, wie unten ausgeführt wird, eine andere.

Sucharski kehrte aus der Kriegsgefangenschaft nicht nach Polen zurück. Nach Kriegsende begab er sich von Deutschland direkt nach Italien. Dort wurde er Bataillonskommandeur der Karpatenschützen (Strzelcy Karpackie), eines Verbands der freien pol-

3 Dąbrowski/Grodecki, in: Flisowski, S. 331 ff.; Flisowski, S. 331, Anm. 1.

4 Laut Flisowski kann sich das Kriegstagebuch teilweise auf einen gleichzeitig von Oberfeldwebel Gryczman in Form einer Skizze gefertigten Plan über die Verteidigung der Westerplatte stützen. Diese Skizze konnte Gryczman während der Gefangenschaft in einem Absatz verstecken. B. S., Interview mit F.

5 Die Angaben über Sucharski sowie über sein unwesentlich bearbeitetes Manuskript nach Wroński, Polskie Siły Zbrojne, S. IX f.; Flisowski, S. 47, Anm. 1, und Sucharski, in: Flisowski, S. 55, 57. B. S., Interviews mit Wroński und Flisowski.

nischen Streitkräfte, die auf der Seite der Westmächte gekämpft hatten. Sucharski schrieb seinen Bericht in der Gefangenschaft und ergänzte ihn nach Gesprächen mit ehemaligen Untergebenen und mit einigem deutschen Material. Als Kriegsgefangener hatte er deutsche Bücher, Zeitungen u. dgl. sammeln können, das meiste davon jedoch bei Kriegsende verloren. Er übergab das Manuskript seinem Korpsstab, ehe er am 30. August 1946 starb.

Auf unbekanntem Wege gelangte sein ergänzter Bericht zum Stab der polnischen Streitkräfte in London. Dort war bereits im Dezember 1939 eine historische Abteilung geschaffen worden. Nach dem Krieg ging sie in einem Institut auf, das heute den Namen »The Polish Institute and Sikorski Museum« trägt. Aus handschriftlichen Randbemerkungen auf Sucharskis mit der Maschine geschriebenem Manuskript geht hervor, daß es im Institut kritisch geprüft wurde. Erst 1957 veröffentlichte das Institut den Bericht in seiner militärgeschichtlichen Zeitschrift »Bellona«. Ein Vergleich mit dem Original zeigt, daß der Text stilistisch überarbeitet, der Inhalt jedoch nicht verändert wurde. Durch diese Ausgabe wurde Sucharskis Bericht auch in Polen bekannt. Er konnte in der ersten Auflage von Flisowskis Buch mit geringfügigen sprachlichen und orthographischen Verbesserungen – wie der Herausgeber versichert – nachgedruckt werden. Inhaltlich scheinen sich die beiden Ausgaben nur dadurch zu unterscheiden, daß Flisowski die technischen Daten der »Schleswig-Holstein« in der Einleitung bringt. In der hier vorgelegten Untersuchung wird auf Flisowskis Ausgabe von 1974 verwiesen.

Eine Quelle von gewissem Interesse ist der Bericht Józef Unrugs über die Kämpfe um die polnische Küste 1939. Wie viele andere polnische Offiziere wanderte Unrug nach dem Krieg nach Großbritannien aus, wo er 1945 seinen Bericht schrieb[6]. Darin schildert er aus der Sicht des Kommandeurs der See- und Küstenverteidigung Tag für Tag den einen Monat währenden Kampf. Das Geschehen auf der Westerplatte wird hier in größerem Zusammenhang gesehen. Die Berichterstattung dieser Stellung aus der Zeit, während der noch Nachrichtenverbindung mit ihr bestand, wird ebenfalls behandelt.

Der letzte Absatz in Unrugs Bericht wird hier vollständig zi-

 6 Wroński, Polskie Siły Zbrojne, S. VIII, S. 255.

tiert, weil er einwandfrei den Wert der Quelle beleuchtet. Unrugs Vorbehalte können ohne weiteres auch für die anderen damals und später entstandenen Berichte polnischer Kriegsteilnehmer gelten.

»Oben stehenden Bericht habe ich völlig aus der Erinnerung geschrieben. Ich konnte mich weder auf irgendwelche Quellen noch auf Notizen stützen. Vor der Kapitulation vernichteten wir nämlich sämtliche Dokumente. Die Notizen wiederum gingen bei den zahlreichen Leibesvisitationen während der Kriegsgefangenschaft verloren. Da der Bericht nach fünfeinhalb Jahren Gefangenschaft ohne Hilfe irgendwelcher Unterlagen zusammengestellt wurde, ist er, was Einzelheiten anbelangt, unvollständig. An viele Namen und Zahlen erinnere ich mich nicht mehr. Was die Zeitangaben für einzelne Ereignisse betrifft, können sie geringfügig vom wirklichen Zeitpunkt abweichen[7].«

Der Machtwechsel nach Stalins Tod 1953 führte in der Sowjetunion zu einem milderen Kurs auf den meisten Gebieten. Das wirkte sich auch auf Polen und die dortige Geschichtsschreibung über den Zweiten Weltkrieg aus. Jetzt begannen die Behörden, sich für sie zu interessieren und sie zu unterstützen[8].

Der oben genannte Flisowski, Journalist und Major der Reserve, hatte sich schon früh für den ungleichen Kampf der polnischen Garnison auf der Westerplatte interessiert, jedoch festgestellt, daß die überlieferten Quellen nur wenige Angaben darüber enthielten. Indem er geschickt die politische Klimaänderung ausnützte, gelang es ihm 1954, die Unterstützung des polnischen Verteidigungsministeriums für die Forschung und die Verbreitung der Kenntnisse über diese Kriegsphase zu erhalten. Seine Bemühungen resultierten in der fünf Jahre später vorgelegten ersten Auflage des Buches über die Westerplatte.

Nach Flisowskis Auffassung genügten die Angaben des Kommandanten, seines Stellvertreters und seines Adjutanten allein nicht zur Rekonstruktion des Kampfverlaufs. Der eigentliche Kampf wurde nämlich von peripher gelegenen Schartenständen und Stellungen aus geführt, die meistens keine Verbindung miteinander und mit dem Hauptgefechtsstand hatten. Es ging darum, ehe es zu spät war, festzustellen, wie die übrigen Verteidiger – die Truppe – das Geschehen erlebten.

7 Unrug, S. 9.
8 B. S., Interview mit Flisowski.

Aber die Verteidiger der Westerplatte lebten über ganz Polen verstreut. Wie die Verfasser des sogenannten Kriegstagebuchs zehn Jahre zuvor nahm Flisowski zunächst mit im Küstengebiet wohnenden Personen Verbindung auf. Dabei half ihm ein ehemals auf der Westerplatte Dienst tuender Offizier, der in Danzig wohnte und eine Art Kartei über das Personal auf der Westerplatte besaß. Diese Kartei ist wahrscheinlich nach dem Krieg angelegt worden. Weitere Verbindungen vermittelte ein im Innern des Landes wohnender Veteran. Auf einem Treffen ehemaliger Verteidiger der Westerplatte 1957 in Danzig wurden weitere Kontakte geknüpft.

Welches Prinzip liegt Flisowskis Auswahl der 29 abgedruckten polnischen Berichte zugrunde? Drei stammen von den ranghöchsten, für die Verteidigung des Depots verantwortlichen Offizieren. Sie schrieben bereits 1945 ihre Erinnerungen nieder. Zwei Verfasser gehörten nicht zur Besatzung. Einer war früher Kommandant der Westerplatte gewesen. Der andere war im Kriegsministerium für den Ausbau der Verteidigungsanlagen auf der Westerplatte verantwortlich. Somit verbleiben 24 Personen, die Angaben gemacht haben. Warum haben gerade sie für die etwa 200 Mann starke Truppe sprechen dürfen?

Etwa die Hälfte von ihnen war direkt oder indirekt in den Hauptangriff über die Landzunge verwickelt. Vier kämpften im Unterstand »Prom«, der am gefährdetsten war, je zwei in den beiden zerstörten Schartenständen. Berichte von Besatzungen der Stellungen, die sozusagen abseits der deutschen Angriffe lagen, sind nur ausnahmsweise abgedruckt. Flisowski erklärt, er habe bewußt danach gestrebt, Angaben über die für die Verteidigung der Westerplatte besonders wichtigen Kämpfe zu erhalten, damit vergleichende Studien durchgeführt und eventuell später Ergänzungen vorgenommen werden könnten. Alle Führer der schweren Waffen haben Berichte beigetragen. Dagegen sind keine Berichte von Mannschaften aufgenommen worden.

Die Berichte entstanden hauptsächlich in der Zeit von 1956 bis 1957. Offensichtlich mindert der große zeitliche Abstand vom Geschehen den Wert dieser Quellen. Einige der Berichte hat Flisowski selbst aufgezeichnet. Konkret verlief sein Zusammentreffen mit Personen, die Angaben machten, wie folgt. Vier oder fünf Personen wurden auf einmal bestellt, und Flisowski sprach der Reihe nach mit ihnen. Den Zeugen war es also mög-

lich, miteinander zu sprechen, und eine »starke« Persönlichkeit konnte durchaus die Auffassung der anderen beeinflussen. Diese Form der Beeinflussung dürfte übrigens bereits während der Kriegsgefangenschaft bestanden haben. Die Angaben vieler Berichte über den Kampfverlauf weichen jedoch häufig voneinander ab. Das beweist, daß Flisowski nicht bemüht war, sie aufeinander abzustimmen.
In den abgedruckten Berichten kommen unterschiedliche Auffassungen darüber zum Ausdruck, wie lange der aussichtslose Verteidigungskampf fortgesetzt werden sollte. Aber Kritik an der Führung wird selten geübt. Vielleicht haben kritisch eingestellte Veteranen keine Angaben machen wollen, oder ihre Beiträge sind »gekürzt« oder gar nicht gebracht worden. Die Möglichkeit einer Tendenz bei Auswahl und Bearbeitung der Berichte ist bei dieser vom Verteidigungsministerium unterstützten Publikation nicht auszuschließen.
Einleitend analysiert Flisowski die polnischen Berichte, die den Hauptteil des Buches ausmachen, aus quellenkritischer Sicht. Er unterteilt sie in drei Gruppen, die er folgendermaßen kennzeichnet: 1.) kurze, nahezu trockene Wiedergabe von Fakten; 2.) eine Beschreibung des Kampfverlaufs mit eindrucksvollen persönlichen Erlebnissen; 3.) eine sehr subjektive Darstellung, geprägt von den für den Erzähler schwierigen Verhältnissen. Flisowski sah sich gezwungen, einige Berichte zu kürzen. Zu ausführliche Schilderungen der Vorbereitungen für die Verteidigung oder des eigentlichen Kampfverlaufs, für die dem Berichtenden der Überblick fehlen mußte, wurden gestrichen. Ebenfalls gestrichen wurden fiktive Dialoge. Im übrigen hat Flisowski die verschiedenen Berichte für sich sprechen lassen. Offenbar falsche oder widersprüchliche Angaben hat er in seinen Anmerkungen kommentiert. In der Einleitung fordert er die Leser des Werkes auf, die Erinnerungen zu berichtigen.
Das Buch über die Westerplatte enthält außerdem auch Berechnungen über Stärke und Verluste beider Seiten, eine Namensliste der Westerplattebesatzung und anderes mehr. Außerdem sind ein Dutzend Auszüge aus einschlägigen deutschen Arbeiten aufgenommen worden. Sie mußten größtenteils erschienenen Arbeiten entnommen werden, die jedoch in Polen schwer zugänglich waren.
Zwischen 1959 und 1974 ist das Buch in sieben Auflagen er-

schienen, eine achte ist geplant. Die Auflagen unterscheiden sich hauptsächlich dadurch, daß die Zahl der Berichte vermehrt wurde. Insgesamt kamen fünf polnische Berichte hinzu. Der Beitrag des Obersts Siłakowski, Abteilungschef Befestigungen im Departement für Bauwesen im Kriegsministerium, fehlte beispielsweise in den beiden ersten Auflagen. Es ist beabsichtigt, den Bericht Kleikamps in der neuen Auflage abzudrucken.

Flisowskis Arbeit hat große Beachtung gefunden. Das Buch enthält grundlegende Quellen für die Rekonstruktion des Kampfes der polnischen Garnison, die so davor bewahrt worden sind, in Vergessenheit zu geraten. Die Originale der polnischen Berichte werden im Archiv des Wojskowy Institut Historyczny in Warschau aufbewahrt. Im zentralen Militärarchiv in Warschau findet sich nur wenig Quellenmaterial über die Verteidigung der Westerplatte. Hauptsächlich handelt es sich um Befehle aus der Vorkriegszeit, um Baupläne für die Munitionslager usw. Die Berichte der Veteranen von der Westerplatte stellen somit einen, wenn auch mangelhaften, Ersatz für die Kriegstagebücher und anderen zeitgenössischen Dokumente dar, wie sie auf deutscher Seite überliefert sind[9].

Die polnische Literatur aus den sechziger und siebziger Jahren, die den Verteidigungskampf der Westerplatte behandelt, stützt sich vor allem auf diese Berichte. Durch einen Vergleich mit publizierten deutschen Arbeiten ist es den polnischen Forschern möglich gewesen, die Angaben der Veteranen der Westerplatte zu sichten und zu versuchen, ein vollständiges Bild des Geschehens zu zeichnen. Nur ausnahmsweise ist deutsches Material ausgewertet worden und auch offenbar nur, wenn es gedruckt vorlag[10].

In den sechziger Jahren veröffentlichten die Polen zwei wissenschaftliche Arbeiten über die Kämpfe um die polnische Küste 1939. Der Westerplatte werden darin nur jeweils gut zehn Seiten gewidmet. Aber beide Arbeiten waren für die Schilderung des Rahmens der vorliegenden Darstellung von Wert, der durch Kartenskizzen, Tabellen und Fotografien er-

9 Flisowski, S. 5 ff., S. 317, Anm. 1. B. S., Interview mit Flisowski. F. ist zur Zeit stellvertretender Generalsekretär des polnischen Schriftstellerverbandes und Literaturredakteur der Marinezeitschrift Morze. – Zur Quellenlage in Warschau Witkowskis Brief an B. S. vom 28. 5. 1978.

10 Die einschlägige polnische Literatur findet sich bei Wroński, Polskie Siły Zbrojne; Bachmann, Kampf um Hela; Rzepniewski und Witkowski.

höht wird. Die Verfasser belegen ihre Darstellung mit umfangreichen Quellen- und Literaturhinweisen. Beide Werke sind von den historischen Instituten in London bzw. in Warschau herausgegeben.

Das historische Institut in London, das aus einer Abteilung beim Stab der polnischen Streitkräfte bei der Exilregierung in England hervorgegangen ist, veröffentlichte 1962 den Band »Marynarka Wojenna i obrona polskiego wybrzeza« (Die Kriegsmarine und die Verteidigung der polnischen Küste). Er ist Band 5 einer sechsbändigen Reihe über den Septemberfeldzug 1939. Diese Reihe ist Teil einer ausführlichen Geschichte über den militärischen Einsatz Polens im Zweiten Weltkrieg.

Bereits Ende 1939 begannen die Polen in London, Material für den Band über den Seekrieg zu sammeln. Die Arbeit wurde vom Oberbefehlshaber der polnischen Kriegsmarine, Vizeadmiral J. Swirski, der beim militärischen Zusammenbruch Polens nicht in Gefangenschaft geraten war, geleitet. Auch dem Hauptverfasser des hier zu behandelnden Teils, Kapitän z. S. Bohdan Wroński, gelang es, im Dezember 1939 England zu erreichen. Bis zum eigentlichen Kriegsende 1945 diente er als Marineoffizier aktiv auf alliierter Seite. Dann übernahm er die polnische marinegeschichtliche Abteilung in London und widmete sich später der Forschung. Das Manuskript der Arbeit wurde von Unrug durchgesehen, der die in die Kämpfe verwickelten polnischen Marineeinheiten befehligt hatte[11].

Die zweite Arbeit erschien 1964 in Polen im Verlag des Verteidigungsministeriums unter dem Titel »Obrona wybrzeża w 1939 r.« (Die Verteidigung der Küste 1939). Das Buch ist eine offizielle Arbeit des kriegsgeschichtlichen Instituts in Warschau, der Verfasser, Dozent Dr. Andrzej Rzepniewski, ist Angehöriger des Instituts. Eine erweiterte Auflage erschien 1970. Der ursprüngliche Untertitel »Vorbereitungen und Verlauf« wurde geändert in »Vor dem Hintergrund der Entwicklung der polnischen und der deutschen Kriegsmarine«. Der die Westerplatte betreffende Text ist im wesentlichen in beiden Ausgaben gleichlautend. In dieser Untersuchung wird auf die erweiterte Auflage von 1970 verwiesen[12].

Rzepniewskis Band umfaßt 750 Seiten, die durch 45, in einem

11 Wroński, Polskie Siły Zbrojne, S. VII ff. Wrońskis Brief an B. S.
12 Rzepniewski, S. 694.

Beilagenband gesammelte Tabellen über personelle und materielle Stärke, Organisationsschemen und Karten ergänzt werden. Er muß ebenso wie die nicht ganz so umfangreiche, in London erschienene Arbeit als ein Standardwerk über die polnische Küstenverteidigung 1939 gelten.

Polen in Ost und West forschten also gleichzeitig, aber getrennt über den Septemberfeldzug. Trotz unterschiedlicher politischer Anschauungen unterscheiden sich die polnischen Geschichtsauffassungen in Warschau und London, was diese Periode des Zweiten Weltkriegs betrifft, nicht. In beiden Instituten strebt man nach Objektivität. Aber man ist auch bemüht, den heldenhaften polnischen Einsatz gegen die deutsche Übermacht zu betonen. In dieser Hinsicht kann man von einer gewissen, wenn auch nicht vereinbarten Übereinstimmung sprechen. Im Literaturverzeichnis der in London erschienenen Arbeit findet sich eine Vorstudie zu dem von Rzepniewski 1964 veröffentlichten Werk[13]. Doch weder Rzepniewski noch Flisowski verweisen auf die Londoner Arbeit, wohl aber auf einen von deren Hauptverfasser, Wroński, im Jahre 1953 publizierten Aufsatz.

Dagegen beruft sich ein 1977 erschienenes Buch »Westerplatte. Historia i dzień dzisiejszy« (Westerplatte – Geschichte und Gegenwart) auf das Londoner Werk sowie auf die andere, oben besprochene Literatur. Der Verfasser, Fregattenkapitän Dr. Rafał Witkowski, ist zur Zeit stellvertretender Direktor des Marinemuseums in Gdingen. Er ist vor allem als Verfasser zweier 1973 und 1974 veröffentlichter Arbeiten über Hela, die letzte eigentliche polnische Verteidigungsstellung, hervorgetreten. In seiner ersten Arbeit publizierte er 27 Berichte von Veteranen auf Hela, womit er eine dem Werk Flisowskis entsprechende Arbeit leistete. Das spätere Werk war seine Dissertation über das gleiche Thema. Die Forderung nach einer populärwissenschaftlichen Arbeit über die Westerplatte und die Unterstützung des Marineverlags in Danzig regten ihn zu seinem letzten Buch an[14].

Witkowski faßt die früheren Forschungsergebnisse zusammen und trägt etliches Neue zur Vorgeschichte des Kampfes 1939 und zur Geschichte der Westerplatte bei. Das Buch ist reichhaltig, mit teilweise neuen Fotografien, illustriert und enthält ein

13 Wroński, Polskie Siły Zbrojne, S. 256.

14 Witkowski, S. 5 f. B. S., Interview mit Witkowski.

Quellen- und Literaturverzeichnis sowie Fußnoten. Es ist für die sich auf Polen beziehenden Partien dieser Untersuchung von Wert gewesen, nicht zuletzt dank Witkowskis Aufarbeitung der älteren polnischen Literatur.

Außer den genannten Arbeiten gibt es eine sehr umfangreiche polnische Nachkriegsliteratur über die Verteidigung der Küste und die Rolle der Westerplatte. Es handelt sich um Zeitschriftenartikel, Einzeldarstellungen, Handbücher für den militärischen Unterricht und für die politische Schulung usw. Sofern sie neue Ergebnisse brachten, sind sie für die obengenannten wissenschaftlichen Arbeiten ausgewertet worden.

Das polnische Material wäre unvollständig behandelt, berührte man nicht auch Fotografien und anderes Bildmaterial. Vor allem Flisowski hat viel Mühe darauf verwandt, gleichzeitig mit den Berichten auch Bildmaterial zu erhalten. Polnische Fotografien aus der Vorkriegszeit finden sich reichlich. Die Kämpfe um die Westerplatte und die Lage nach Feuereinstellung werden durch deutsche, häufig offizielle Fotos illustriert, die den Polen zur Verfügung gestellt wurden. Etliche Fotografien wurden von Dokumentarfilmen kopiert. Der wichtigste ist der während der Kämpfe um die Küste 1939 von einer Propagandatruppe der deutschen Kriegsmarine gedrehte Film» Danziger Bucht wieder deutsch«. Ein Abschnitt zeigt den dramatischen Augenblick des Angriffs auf die Westerplatte im Morgengrauen des 1. Septembers[15].

Das reichhaltige Bildmaterial ist eine zeitgenössische Quelle, die dazu beiträgt, die Berichte der ehemaligen Verteidiger der Westerplatte zu ergänzen und mitunter zu korrigieren. Allerdings sind Ort und Datum der Aufnahmen bisweilen schwer festzustellen.

Für die erste Auflage von Flisowskis Buch zeichnete man auch eine detaillierte Karte in großem Maßstab. Sie zeigt sowohl die polnischen Verteidigungs- als auch die gegnerischen Ausgangsstellungen sowie die Schußrichtungen der feindlichen Artillerie. Belegt werden diese Angaben jedoch nicht. In anderem Zusammenhang aber stellt sich heraus, daß die Karte auf die in Anmerkung 4 genannte Skizze von Gryczman zurückgeht. Er

15 Flisowski, S. 13 f. Eine Kopie des deutschen Films über die Kämpfe in der Danziger Bucht befindet sich in Schweden. Der Film ist im schwedischen Fernsehen gezeigt worden.

hatte 1939 detailliert die Lage der gegnerischen Widerstandsnester sowie die Hauptrichtungen des feindlichen Feuers eingetragen. Diese ursprüngliche Skizze wurde mit Hilfe topographischer Vorkriegsangaben und Geländemessungen überprüft und berichtigt. Die so erstellte Karte wurde nochmals anhand schriftlicher Angaben der Westerplatteveteranen geprüft und ergänzt[16].

Die Lagekarte in Witkowskis letztem Buch über die Westerplatte ist mit der in der ersten Ausgabe von Flisowskis Werk identisch. Diese »Originalkarte« aus dem Jahre 1959 findet sich in verschiedener Form, aber mit demselben Inhalt in einer Reihe späterer Arbeiten über die Westerplatte, u. a. in der von Wroński.

16 Ebd., S. 14 f. Die Kartenskizze in dieser Untersuchung stützt sich u. a. auf Flisowskis Karte, die sich unverändert in allen Auflagen seines Buches findet.

5. Planung und Einsatz der deutschen Kriegsmarine

Die Planung der deutschen Marine für den Krieg gegen Polen ist in großen Zügen von dem westdeutschen Historiker Michael Salewski im Rahmen seiner Untersuchung »Die deutsche Seekriegsleitung 1935–1945« behandelt worden[1].
Ab etwa 1920 bis zur Machtübernahme Hitlers im Januar 1933 hatte die deutsche Marine eine defensive Kriegführung in der Ostsee gegen eine polnisch-französische Koalition geplant. Die deutsche Marine hoffte, sich notfalls gegen diese Koalition in der Ostsee verteidigen zu können. Großbritannien hätte nämlich einen polnisch-französischen Angriffskrieg nicht unterstützt. Vor allem aber hätten die verhältnismäßig guten deutsch-russischen Beziehungen die Handlungsfreiheit der Polen eingeschränkt.
Hitlers Politik entzog dieser Planung die Voraussetzungen. Aus ideologischen Gründen brach er die deutsch-sowjetische Zusammenarbeit ab. Das führte zu einer russisch-französischen Annäherung. Zwar verbesserten sich anfangs die polnisch-deutschen Beziehungen, was sich in dem im Januar 1934 unterzeichneten Nichtangriffspakt ausdrückte. Aber da sich infolge der Politik Hitlers die deutsch-polnischen Gegensätze in Wirklichkeit verschärften, bedeutete dies, daß sich Deutschlands strategische Lage nicht zuletzt im Ostseeraum verschlechtert hatte. Die deutsche Marine mußte jetzt mit einem Krieg gegen Rußland, Polen und Frankreich rechnen.
Zunächst mochte es scheinen, als gliche das deutsch-englische Flottenabkommen von 1935 diese Verschlechterung bis zu einem gewissen Grad aus. Die offizielle Einstellung der deutschen politischen Führung und der deutschen Marine war auch, das Abkommen schließe einen Krieg mit Großbritannien aus. In den

1 Die Darstellung in diesem Kapitel baut, wenn nicht anders erwähnt, auf Salewski, Seekriegsleitung, Bd 1, auf. Vgl. Dülffer, S. 488.

ersten Jahren nach dem Abkommen plante die Marine auch nicht für einen Krieg gegen England, obwohl Hitlers Außenpolitik gerade diesen Kriegsfall immer wahrscheinlicher werden ließ. Darauf wies eine Reihe höherer Marineoffiziere hin, aber der Oberbefehlshaber der Kriegsmarine, Erich Raeder, hielt unter Hinweis auf Hitlers wiederholte Versicherungen, es werde nicht zum Krieg mit Großbritannien kommen, an dieser Planung fest.

Raeders Einstellung erklärt sich möglicherweise aus seiner Überzeugung, ein Seekrieg gegen England müsse vorläufig noch mißlingen. Frühestens etwa 1944/45, nach der Durchführung eines umfassenden Ausbildungs- und Bauprogramms, bestand eine gewisse Aussicht für die deutsche Flotte, sich gegen die britische behaupten zu können. Für Raeder ergab sich daraus die Pflicht der politischen Führung, d. h. Hitlers, vor diesem Zeitpunkt einen Krieg mit England zu vermeiden. Noch im August gab Hitler auch Raeder eine derartige Versicherung, womit sich dieser begnügte.

Das ist zumindest teilweise aus der Stellung der Kriegsmarine im nationalsozialistischen Deutschland erklärlich. Grundsätzlich begünstigte Hitlers Politik die gesamte Wehrmacht, jedoch mit großen Unterschieden hinsichtlich der einzelnen Wehrmachtteile. Bereits frühzeitig erklärte Hitler, er benötige in den nächsten Jahren die Marine zur Durchsetzung seiner Politik nicht, wohl aber Heer und Luftwaffe. Folglich wurden diese verhältnismäßig stärker gefördert als die Marine[2]. Hitlers erste politische Erfolge – die Remilitarisierung des Rheinlands, die Annektierung Österreichs und die Zerschlagung der Tschechoslowakei – wurden auch unter Mitwirkung von Heer und Luftwaffe, aber aus natürlichen Gründen ohne Einsatz der Marine erzielt. Raeder mußte befürchten, daß die Kriegsmarine für Hitler immer uninteressanter würde. Und er glaubte, Hitlers Interesse an der Marine nur wachhalten zu können, indem er ihn loyal unterstützte. Die Folge war, daß die deutsche Kriegsmarine keine Planung für einen überhaupt wahrscheinlichen Kriegsfall besaß. Das zeigt die Planung gegen Polen ab Frühjahr 1939.

Am 3. April befahl Hitler der Wehrmacht, für den Herbst einen Angriff auf Polen vorzubereiten. Obwohl Raeder früher

2 Vgl. Deist, Die Aufrüstung der Wehrmacht.

versichert hatte, die deutsche Marine werde die polnische von der See fegen, gab es keinen ausgearbeiteten Kriegsplan der Marine gegen Polen. Für die Deutschen war allerdings die schwache polnische Flotte kein Problem, sondern dieses lag in der Gefahr, daß russische, französische und englische Seestreitkräfte eingriffen. Die offizielle Planung ging aber davon aus, daß Großbritannien neutral blieb. Daher wurde das Gros der deutschen Flotte in der Ostsee konzentriert. Dadurch sollte zweierlei erreicht werden: Man konnte sich gegen die sowjetische Flotte absichern, und man konnte vor der polnischen Küste, die leicht zu blockieren war, die deutsche Stärke demonstrieren, was nicht zuletzt politisch erwünscht war.

Im Mai 1939 forderte das Oberkommando des Heeres, die Marine solle den von Danzig aus die polnische Küstenverteidigung angreifenden Verbänden Artillerieunterstützung geben. Das Heer plante, einen der Hauptstöße südlich an Danzig vorbeizuführen mit dem ersten Ziel, die Weichselbrücken von Dirschau in die Hand zu bekommen. Die polnische Küstenverteidigung sollte mit schwächeren Verbänden aus westlicher und gleichzeitig von Danziger SS- und Polizeiverbänden aus östlicher und südöstlicher Richtung angegriffen werden[3]. Den Danziger Verbänden fehlte jedoch Artillerie. Diese wurde benötigt, um die polnische Artillerie niederzukämpfen, die nach deutscher Einschätzung sonst möglicherweise gegen die Zivilbevölkerung eingesetzt werden würde. Man hielt es wegen Materialmangels und aus Geheimhaltungsgründen für unmöglich, den Danziger Verbänden vor Kriegsausbruch Heeresartillerie zuzuführen.

Daher verlangte das Heer, die Flotte solle mit ihrer Artillerie die polnischen Batterien bekämpfen. Die Marine weigerte sich unter Hinweis auf die im Ersten Weltkrieg in Flandern, bei den Dardanellen und auf Ösel gemachten Erfahrungen. Überall hatte sich Schiffsartillerie als gegen Küstenartillerie wirkungslos erwiesen[4].

Das Oberkommando der Wehrmacht (OKW) wies die Marine an, Artillerieunterstützung zu geben. Da einschlägige deutsche Quellen fehlen, ist nicht klar, wann und weshalb der Befehl erteilt wurde. Denkbar ist, daß das OKW allmählich davon er-

[3] Zu den in Danzig aufgestellten Verbände vgl. Tessin, S. 27. Denne, S. 210 ff., 283. Klietmann, S. 419 f.

[4] Salewski, Seekriegsleitung, Bd 1, S. 92.

fuhr, daß seit langem für den 25. August der Besuch eines Kriegsschiffes in Danzig geplant war. Dieser mit der polnischen Regierung abgesprochene Besuch sollte anläßlich des 25. Jahrestages des Untergangs des Kreuzers »Magdeburg« stattfinden[5]. Als Besuchsschiff war der moderne Kreuzer »Königsberg« vorgesehen, was u. a. aus einem am 15. August ausgefertigten Befehl der Seekriegsleitung über die Dislokation der Seestreitkräfte in der Ostsee hervorgeht[6].

Am 14. und 16. August fanden Beratungen zwischen Hitler und den Oberbefehlshabern der Wehrmachtteile statt. Am 17. August erging eine Weisung des OKW für den Angriff auf Polen[7]. Darin wird jedoch weder ein Kriegsschiff im Danziger Hafen noch Artillerieunterstützung durch die Marine erwähnt.

Zu diesem Zeitpunkt hatte jedoch das OKM begonnen, einen derartigen Einsatz zu planen. Die »Königsberg« sollte gegen das alte, aber schwerer bewaffnete Linienschiff »Schleswig-Holstein«, das als Schulschiff für Kadetten diente, ausgetauscht werden. Am 16. August wurde sein Kommandant, Kapitän z. S. Gustav Kleikamp, zur Einsatzbesprechung nach Berlin befohlen[8]. Am 21. August folgte der Befehl, die »Königsberg« gegen die »Schleswig-Holstein« auszuwechseln. Offiziell hieß es, die »Königsberg« habe Maschinenschaden[9].

Am 23. August fertigte das OKW neue Weisungen für den Angriff auf Polen aus, in denen es u. a. heißt[10]: »Falls das Linienschiff ›Schleswig-Holstein‹ im Hafen von Danzig liegt, ist seine Aufgabe, etwa ebenfalls dort liegende polnische Kriegsschiffe sofort unschädlich zu machen und die Abwehrmaßnahmen Danzigs durch Geschützfeuer auf geeignete Ziele im Bereich der Danziger Bucht zu unterstützen. Die hierzu erforderliche Verbindung mit dem Heer regelt OKM.«

Der deutschen Marine war damit eine Aufgabe übertragen wor-

5 Salewski behauptet fälschlich ebd., S. 93, der Besuch sei nicht angemeldet worden. Siehe dagegen Denne, S. 214, der aber ein falsches Besuchsdatum angibt. Die Besatzung der »Magdeburg« war in Danzig beigesetzt worden.

6 Salewski, Seekriegsleitung, Bd 1, S. 93.

7 BA-MA III M 155/8.

8 BA-MA M 887/48503, KTB »Schleswig-Holstein«, 27. 8. 1939.

9 BA-MA M 521/38643, KTB Marine-Gruppenkommando Ost, 23. 8. 1939. Salewski, Seekriegsleitung, Bd 1, S. 93.

10 BA-MA III M 155/8.

den, die sie abgelehnt hatte, weil sie geglaubt hatte, sie nicht lösen zu können.

Folgende Aufgaben meinte die Kriegsmarine dagegen, im Krieg gegen Polen lösen zu können:

1. Blockade der polnischen Küste
2. Vernichtung der polnischen Seestreitkräfte
3. Räumung der polnischen Minensperren
4. Schutz der deutschen Seefahrt in der Ostsee, vor allem des Verkehrs zwischen Ostpreußen und dem übrigen Deutschland.

Alle diese Maßnahmen sollten gleichzeitig sowohl Polen als auch dem übrigen Ausland gegenüber die deutsche Stärke demonstrieren[11].

Gemäß dem oben genannten Befehl vom 15. August sollten nahezu sämtliche deutschen Seestreitkräfte in der Ostsee konzentriert werden. Für den Einsatz in der Nordsee und im Atlantik wurden lediglich die wenigen schweren Schiffe – zwei Schlacht- und vier Panzerschiffe – sowie ein leichter Kreuzer, zwei Zerstörer und 18 U-Boote bereitgehalten. Der Flottenchef, Admiral Hermann Boehm, protestierte gegen diese seiner Ansicht nach unrealistische Verteilung der Seestreitkräfte. Aber Raeder hielt unter Hinweis auf Hitlers erneute Versicherung, es werde nicht zum Krieg mit England kommen, an ihr fest. Erst nachdem der Nichtangriffspakt mit der Sowjetunion unterzeichnet worden war und nachdem am 30. August drei der vier polnischen Zerstörer die Ostsee verlassen und sich nach England begeben hatten, befahl das OKW, die Streitkräfte in der Ostsee zu verringern[12]. Gegen Polen setzte die Kriegsmarine am 1. September folgende Seestreitkräfte ein[13]:

1 Linienschiff (»Schleswig-Holstein«)
10 Zerstörer
4 Torpedoboote
6 Schnellboote und ein Begleitschiff
49 Minenräum- und Minensuchboote mit 5 Begleitschiffen

11 Salewski, Seekriegsleitung, Bd 1, S. 93 ff. Vgl. M. Dv. 601/11, S. 7.
12 Salewski, Seekriegsleitung, Bd 1, S. 95. Vgl. M. Dv. 601/11, S. 7.
13 M. Dv. 601/11, Anlage 1. Salewski, Seekriegsleitung, Bd 1, S. 93 ff. Vgl. Lohmann/Hildebrand, passim. Vgl. Verbände der Luftwaffe, S. 179 ff., 207 f.

und 1 Torpedoboot für den Führer der Minensuchboote Ost

14 U-Boote, davon 6 Schulschiffe
8 U-Bootjäger
8 Wachboote
2 Artillerieschulschiffe
4 Versorgungsschiffe
4 Marinefliegergruppen (10 Staffeln)

Nach Ausbruch des Krieges wurde die Zusammensetzung der Streitkräfte geändert. Zwischen dem 2. und 6. September wurden die Zerstörer und Schnellboote in die Nordsee entsandt. Tags darauf wurden auch acht U-Boote dorthin befohlen. Statt dessen wurde die Ostseeflotte mit acht alten, als Artillerieschulschiffe verwendeten Torpedobooten verstärkt. Schließlich wurde am 21. September das Schwesterschiff der »Schleswig-Holstein«, die »Schlesien«, eingesetzt, um die polnische Verteidigung auf Hela niederzukämpfen.

6. Polens seemilitärische Verteidigung

Die seemilitärische Verteidigung Polens, die 1939 von See und Land her sowie aus der Luft angegriffen wurde, geht auf das Jahr 1920 zurück[1]. Zwar übernahm Polen damals nur einen sehr kurzen Küstenstreifen von etwa 70 km Länge sowie die ungefähr 30 km lange Halbinsel Hela, aber die seemilitärische Verteidigung mußte nahezu aus dem Nichts geschaffen werden. 20 Jahre später brach der Krieg aus. Die bis dahin aufgebauten Marinestreitkräfte konnten jedoch nicht maximal für die Landesverteidigung eingesetzt werden. Von den großen Kriegsschiffen stand nur eins zur Verfügung. Die verglichen mit der Kriegsflotte benachteiligte Marineartillerie wurde gerade umorganisiert. Die Skizze 1 zeigt die am 1. September geltenden Unterstellungsverhältnisse und die Gliederung der polnischen Kriegsmarine.

Wie bereits erwähnt, verließen drei Zerstörer am 30. August die Ostsee und begaben sich nach Großbritannien. Das geschah in Übereinstimmung mit einem polnisch-englischen Abkommen, das bei der Gefahr eines unmittelbaren deutschen Angriffs einen derartigen Ausbruch vorsah. Von den restlichen Seestreitkräften konnten nur die U-Boote offensiv auftreten. Weil die Polen mit einer deutschen Landung rechneten, sollten die U-Boote vor der polnischen Küste operieren. Ihre Einsatzmöglichkeiten waren jedoch begrenzt, da es an Fachpersonal, vor allem aber an Minen mangelte. Falls die polnischen Stützpunkte verlorengingen, sollten die U-Boote versuchen, England zu erreichen. Mißlang das, sollten sie sich in Schweden internieren lassen.

Die Marine hatte eine eigene Fliegertruppe aufgestellt. Das erste von sechs in Italien bestellten Torpedoflugzeugen traf zwei

1 Die Beschreibung der seemilitärischen Verteidigung Polens baut, wenn nicht anders erwähnt, auf Unrug auf. Wroński, Polska Marynarka Wojenna, S. 3 ff. Unrug, Polnische Kriegsflotte, S. 199 ff. Rzepniewski, S. 221 ff. und Anl. 12:1. Bachmann, Kampf um Hela, S. 275 ff.

Gliederung und Stärke der polnischen Kriegsmarine 1. 9. 1939

Quellen:
Wroński, Polska Marynarka Wojenna, Anlage und S. 3 ff.; Brief an B. S.
Unrug, Polnische Kriegsflotte, S. 199 ff.
Rzepniewski, Anl. 9, 12:1, 15:3, 16:1
Bachmann, Kampf um Hela, S. 275 ff.
Weyers Taschenbuch der Kriegsflotten 1939

Chef der Marineleitung
Konteradmiral Świrski (Warschau)

Flußflottille Pinsk

Marineschule

Leitung Marine-Hauptdepot

Transportschiff "Wilia" 1)
Segelschulschiff "Iskra" 1)

Befh. Zerstörerdivision
Korv. Kpt. Stankiewicz
- "Wicher"
- "Burza", "Grom", "Blyskawica" 2)

Befh. U-Bootdivision
Korv. Kpt. Mohuczy (Hela)
- "Wilk", "Zbik", "Ryś", "Sep", "Orzel"

Befh. Küstenverteidigung (See
Kommandant Frankowski (Hela)

Festungsbereich Hela
- Küstenartillerieabt.
  4 15,2-cm-Kanonen Bofors
  4 10,5-cm-Kanonen
  10 7,5-cm-Kanonen 3)
- II. Marine-Flakabt.
  6 7,5-cm-Kanonen
  12 40-mm-Bofors
- Grenzschutzbataillon
- provisorisch aufgestellte Schützenabteilungen: aus Marinefliegerflottille und Schiffsbesatzungen
- Grenzwachtkommissariat Hela

Schwimmende Einheiten
- Minenleger "Gryf"
- Minendivision
  Kanonenboote
  "Kommandant Piłsudski"
  "General Haller"
  Minenräumer
  "Jaskołka", "Czajka", "Mewa", "Rybitwa", "Żóraw", "Czapla"
- Minensuchkutter

Kriegshafen Gdingen
- I. Marine-Luftabwehr-Ab
  8 7,5-cm-Kanonen
  2 10-cm-Kanonen
- Marine-Scheinwerferkp
- 1.-3. Marine-Flakkp
- mehrere Marineabteilung
- Hilfsschiffe
  "Baltyk", Ausbildungsdep
  "Nurek", Taucher
  "Mazur", Artillerieausbild
  "Pomorzanin", Vermessun schiff

Skizze 1

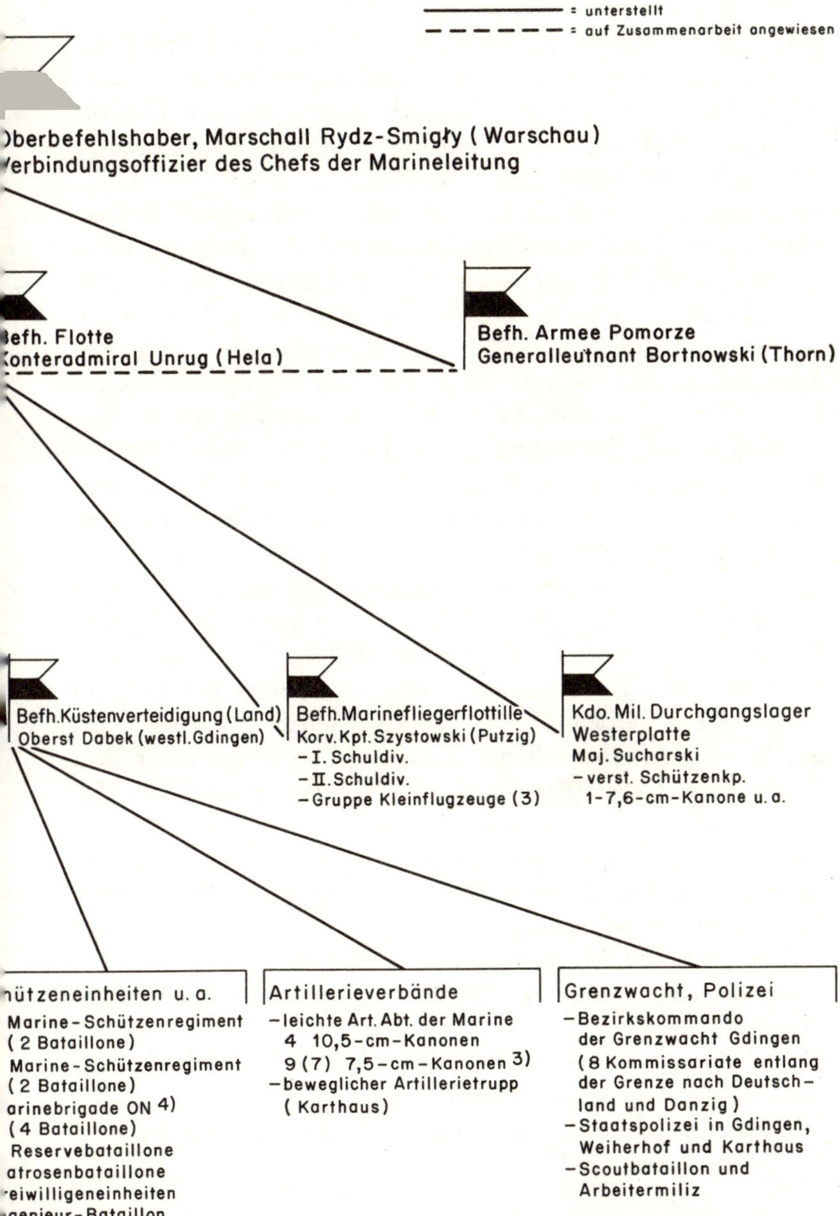

1) Auf Ausbildungsreise im Ausland
2) Alle 3 am 30. 8. 1939 nach England ausgelaufen
3) Kaliber 7,5 oder 7,6
4) ON = Obrona Narodowy (Nationale Verteidigung)

Tage vor Kriegsausbruch ein – ohne Waffen. Die vorhandenen Flugzeuge waren bereits einige Jahre vor dem Krieg veraltet. Tatsächlich existierte die polnische Marineluftwaffe nur auf dem Papier. Daher waren spätere Diskussionen des Flottenkommandos über einen eventuellen Bombenangriff auf die »Schleswig-Holstein« nicht sehr realistisch. Aber eins der U-Boote hatte den Auftrag, das gegnerische Linienschiff anzugreifen, falls es den Danziger Hafen verließ[2].

Doch entwickelte sich die Lage so, daß die verfügbaren Kriegsschiffe und Flugzeuge im wesentlichen von der deutschen Luftwaffe in ihren Stützpunkten vernichtet wurden. Damit wurde eine Taktik angewandt, die später beispielhaft wurde. Aus den ehemaligen Schiffsbesatzungen und Marinefliegern stellte man Schützenverbände auf, die die Küstenverteidigung verstärkten. Das war auch im wesentlichen die Unterstützung, die die Küstenverteidigung durch die Flotte und die Luftwaffe erhielt.

Hitlers Einmarsch in die Tschechoslowakei und die Übernahme des Memellands durch Deutschland im März 1939 alarmierten die militärische Führung Polens. Hitlers direkt an Polen gerichtete Forderungen stellten eine eindeutige Bedrohung der Sicherheit des Landes dar. Eine der daraus gezogenen militärischen Konsequenzen war, die Küstenverteidigung müsse umorganisiert und vor allem schleunigst gegen einen Angriff von Land her verstärkt werden. Das Küstengebiet sollte einen selbständigen Verteidigungsbereich mit eigenen Streitkräften unter dem Befehl eines hohen Marineoffiziers, Konteradmiral Józef Unrug, bilden.

Folgende Abschnitte, die von besonderer Bedeutung für Mobilisierung und Kriegführung der Marine waren, sollten in erster Linie verteidigt werden:

Gdingen–Oxhöft, Flottenbasis und Kriegshafen;

Hela, der Kriegstützpunkt der Flotte (es wurde zum Festungsgebiet erklärt);

Putzig, Stützpunkt der Marineluftwaffe und Schlüsselpunkt für die Landverbindung zwischen Gdingen und Hela;

Die *Westerplatte*, Polens militärisches Durchgangslager auf dem Gebiet der Freien Stadt Danzig.

2 Bachmann, Kampf um Hela, S. 22.

Diese wichtigen Abschnitte sollten gegen Angriffe von See und Land her sowie aus der Luft geschützt werden. Dafür standen Marine-, Heeres- und Flakartillerie sowie Infanterie-, Grenzschutz- und Staatspolizeieinheiten zur Verfügung. Aber die materielle Ausrüstung war knapp und die verbleibende Frist kurz. Man begünstigte Hela, daß sich aufgrund seiner Lage lange würde halten können und auch tatsächlich »die letzte Schanze« wurde[3]. Die Verteidigung Helas stützte sich vor allem auf eine aus vier 15,2-cm-Boforsgeschützen bestehende Batterie der Küstenartillerie. Zwei weitere derartige Batterien waren für Hela vorgesehen. Sie wurden jedoch nie fertiggestellt. Die Deutschen rechneten auch mit schwerer Küstenartillerie an der eigentlichen Küste, u. a. mit einer Batterie mit 30,5-cm-Geschützen bei Gdingen. Nach den polnischen Plänen sollte sie jedoch erst im Frühjahr 1940 einsatzbereit sein[4].

Skizze 1 zeigt, daß Unrug viele, aber sehr verschiedenartige Streitkräfte befehligte. Seine Dienststellung wurde immer noch mit Flottenchef angegeben, aber er war in sehr hohem Maße für die Küstenverteidigung verantwortlich. Ihm unterstellt waren zwei ranggleiche Kommandeure für die Küstenverteidigung See bzw. die Küstenverteidigung Land. Der Kommandeur der Küstenverteidigung Land sollte, falls der Flottenchef seinen Gefechtsstand nach Hela verlegte, im Kriegsfall auch die Verteidigung des Kriegshafens Gdingen übernehmen.

Die Heeresverbände der Küstenverteidigung, ausgenommen die auf Hela, zählten nahezu 15 000 Mann. Aber es herrschte großer Mangel an Material, u. a. an Stacheldraht, Sprengstoff, um Feldbefestigungen anlegen zu können, und an Munition und Handwaffen. Aus dem Hinterland erhielt die Küstenverteidigung 2 800 veraltete französische Gewehre (Modell 1886/93). Aber für sie fehlte es an Munition, da die Truppe sonst mit Mausergewehren ausgerüstet war.

Manche Einheiten hatten jedoch überhaupt keine oder nur wenige Waffen. Das galt vor allem für Miliz- und Freiwilligenverbände. Zumindest einmal nahmen die Polen die 150 Jahre alte Tradition der »roten Sensenmänner« wieder auf, die mit ihren primitiven Waffen nachts gekämpft hatten. Die Sensen-

3 Das ist der Titel von Witkowskis Buch: »Ostatnia Reduta«, Danzig 1973.
4 M. Dv. 601/11, S. 12. Wroński, Polskie Siły Zbrojne, S. 126.

blätter wurden nach oben gerichtet und dienten als Bajonette[5]. Die folgende, einer polnischen Darstellung über die Kämpfe der Küstenverteidigung im Jahre 1939 entnommene Beschreibung kann daher auf Wahrheit beruhen: »Die Arbeiter Gdingens bewaffneten sich mangels anderer Waffen mit Sensen, machten tapfere, nächtliche Ausfälle gegen den Feind und erbeuteten Gewehre, was sie allerdings mit hohen Verlusten bezahlten[6].«
Während der Erdkämpfe um die polnische Küste konnten die verschiedenen Verteidigungsabschnitte bis zu einem gewissen Grad die Nachrichtenverbindung miteinander aufrechterhalten. Jedenfalls hatte der Flottenchef auf Hela Nachrichtenverbindung mit ihnen und konnte die Verteidigung leiten. Anders entwickelte sich die Lage auf der Westerplatte. Bereits vor Kriegsausbruch lag dieser polnische Außenposten isoliert auf dem Gebiet des von Deutschland kontrollierten Danzig. In dem letzten halben Jahr vor Kriegsausbruch war es auch sehr schwierig, diese Verteidigungsstellung zu verstärken.

5 Bachmann, Kampf um Hela, S. 285. Witkowski, S. 100. B. S., Interview mit Rzepniewski.

6 Z Dziejów wojny, S. 154.

7. Der Außenposten Westerplatte

Die Westerplatte ist eine niedrige, sandige und längliche Halbinsel mit einer größten Länge von 2 km und einer größten Breite von 600 m[1]. Ihr Umfang mißt etwa 3,5 km, und ihre Fläche beträgt ungefähr 0,5 km². Sie ist auch heute noch größtenteils bewaldet. Die äußere Form der Halbinsel zeigt Skizze 2.

Ursprünglich war die Westerplatte eine Insel, die durch Sandablagerungen westlich der Weichselmündung entstanden war. Aber seit 1840 fließt der Hauptarm des Stroms etwa 20 km weiter östlich. Der Nebenarm, der Danzig und seinen Außenhafen, Neufahrwasser, passiert, hat den Namen Tote Weichsel erhalten. Durch Regulierungsarbeiten wurde die Westerplatte 1845 zur Halbinsel mit einer etwa 150 m breiten Landzunge. Die Tote Weichsel wurde zum westlich an ihr vorbeiführenden Hafenkanal ausgebaut.

Der erste bekannte Platz für die Kontrolle und den Schutz der Einfahrt nach Danzig war die Festung Weichselmünde, mit deren Bau zu Anfang des 15. Jahrhunderts begonnen wurde. Sie liegt heute ziemlich weit landeinwärts, lag aber früher nur ein paar hundert Meter vom Meer entfernt[2]. Aus topographischen Gründen wurde die Westerplatte erst viele hundert Jahre später militärisch interessant. Zu Beginn des 19. Jahrhunderts befestigten Polen und Franzosen die Insel zur Verteidigung gegen die vordringenden Russen. Die starken, zum Hafenkanal hin in der Nähe der Fähre gelegenen Erdwälle stammten aus der Napoleonischen Zeit, sind aber jetzt abgetragen. Dagegen ist eine von den Deutschen kurz vor dem Ersten Weltkrieg zur See-

1 Die Angaben über die Topographie und Geschichte der Westerplatte, wenn nicht anders angegeben, nach Krzyzanowski, S. 98. Witkowski, S. 14. B. S., Beobachtungen bei Besuchen am 12. 6. 1975 und am 9. 3. 1978.

2 Eine Besatzung auf Weichselmünde wird erstmals 1396 urkundlich erwähnt. Krzyzanowski, S. 97.

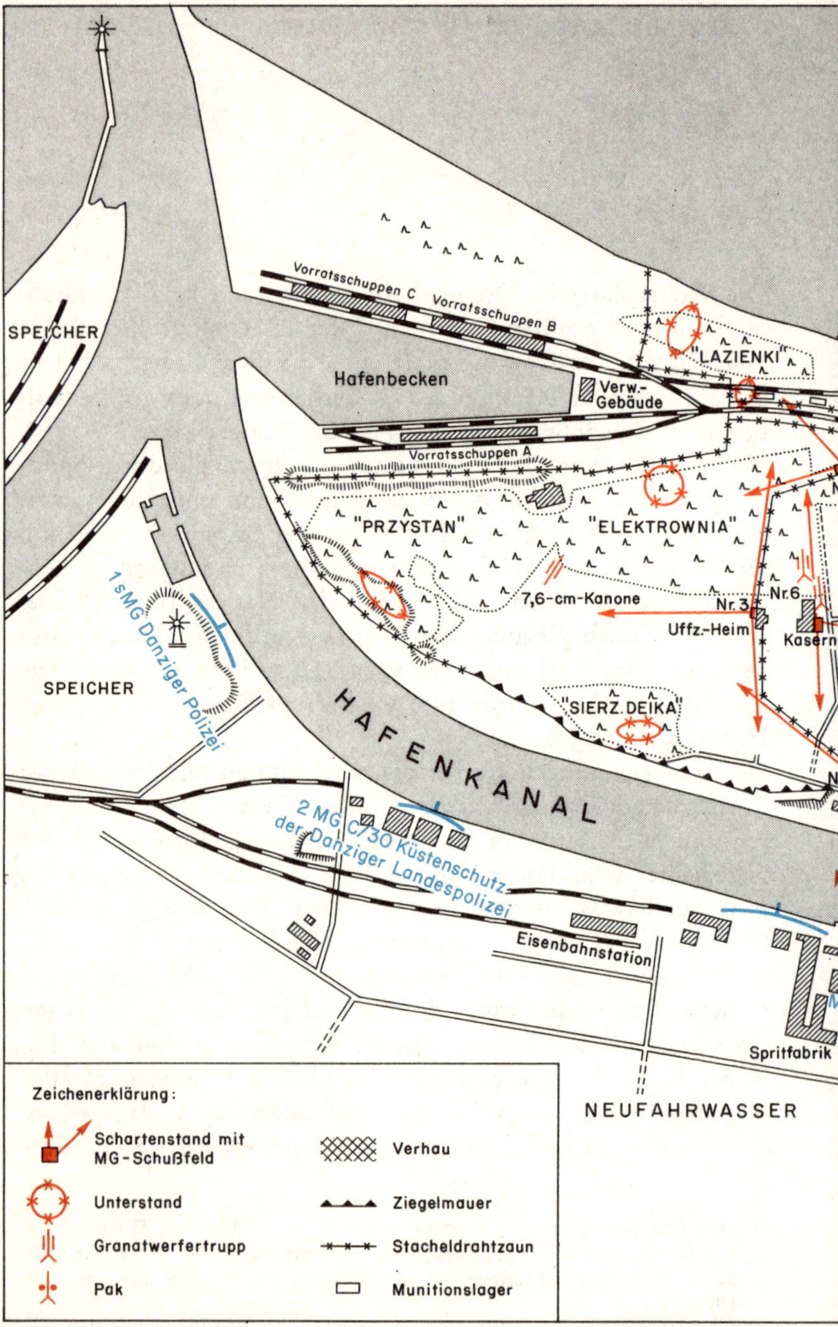

Quellen: Karte Flisowski und Witkowski; M.Dv. 601/11; deutsche Bewaffnung nach: KTB "Schles

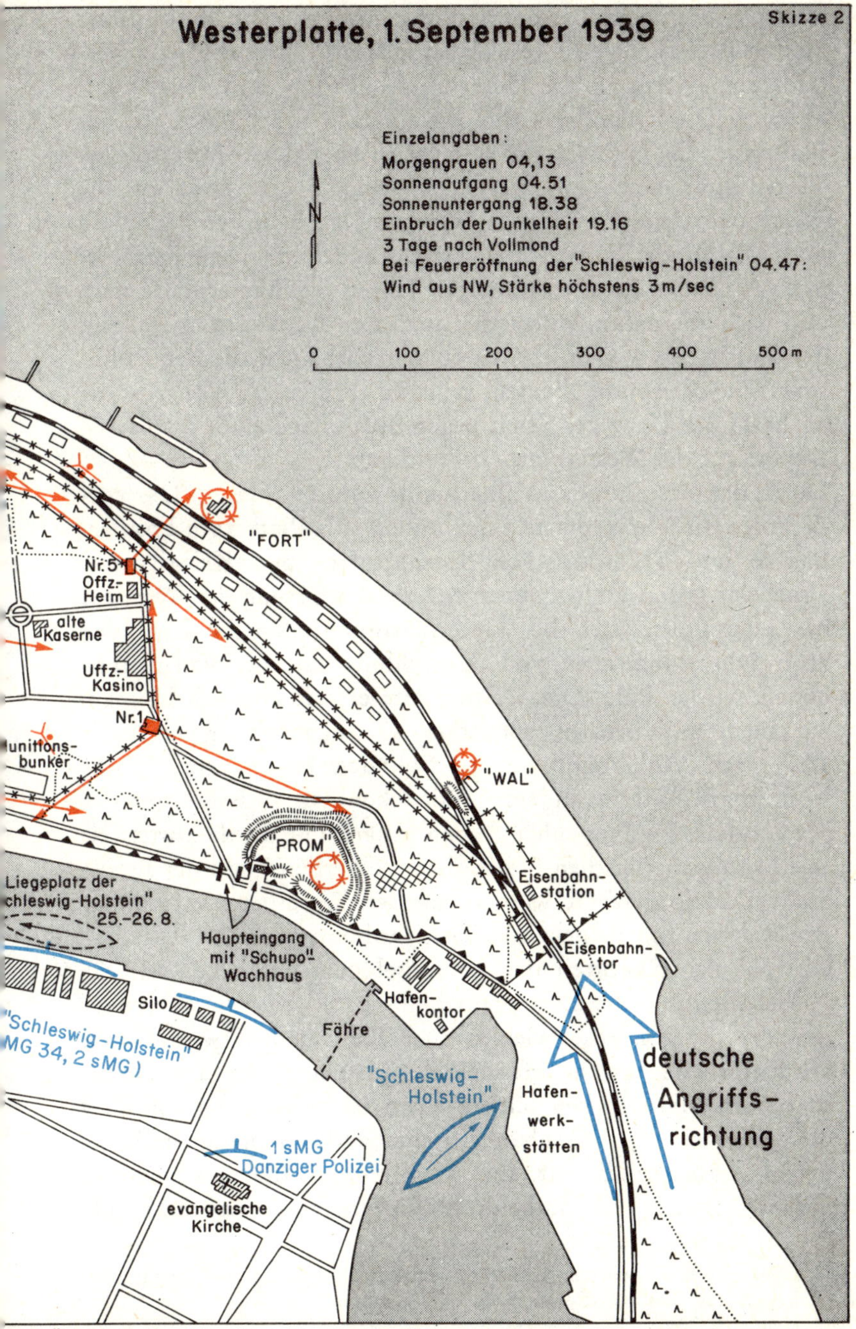

lstein", Anl. 16

seite hin angelegte Geschützstellung erhalten. Die Reste dieser älteren Befestigungswerke wurden in das 1939 geschaffene Verteidigungssystem als die Unterstände »Prom« und »Fort« einbezogen. Die Erdwälle waren die einzigen Erhebungen auf der Halbinsel. Ihr höchster Punkt lag 7 m über dem Meeresspiegel. Wegen ihrer feinen, zur See hin gelegenen Sandstrände war die Westerplatte vor dem Ersten Weltkrieg ein beliebter Badeplatz und Ausflugsort. Dort standen viele Badehütten, ein Kurhotel usw. Als Polen in den zwanziger Jahren die Westerplatte nach und nach übernahm, wurde der deutschen Bevölkerung Danzigs der Zutritt im wesentlichen verboten. Gebäude, die den polnischen Zwecken nicht dienten, wurden abgerissen[3]. Von Anfang an hatte der Danziger Senat gegen die Anlage eines polnischen Depots auf der Westerplatte protestiert[4].

Durch den Beschluß des Völkerbunds vom 14. März 1924 wurde Polen die Westerplatte zugestanden »als Platz zum Löschen, Lagern und Transport von Sprengstoffen und Kriegsgerät«. Trotz der grundsätzlich verschiedenen Auffassung der Danziger bzw. der Polen über die Westerplatte verliefen die folgenden zehn Jahre, abgesehen von der Schlußphase, im wesentlichen ohne Zwischenfälle. Die Westerplatte entwickelte sich langsam zu einem militärischen polnischen Durchgangslager mit einer 1925 vom Völkerbund auf 88 Soldaten festgesetzten Wachmannschaft. Wie in anderen Fällen konnten auch die mit der Westerplatte zusammenhängenden Fragen nur durch schrittweise Abkommen zwischen Polen, dem Völkerbund und der Freien Stadt Danzig geregelt werden, da der Versailler Vertrag nur den Rahmen für die neue staatliche Ordnung abgab[5].

Obwohl der Hauptteil der Halbinsel dem polnischen Militär vorbehalten und der Zutritt für Unbefugte verboten war, wurde sie nicht polnisches Gebiet. Das Hafenbecken wurde auch vorübergehend für die Handelsschiffahrt geöffnet. Die Bahnlinie vom Hafenbecken bildete einen schmalen Korridor über die Halbinsel, der Eisenbahnern und anderen befugten Zivilpersonen zugänglich war. Im Frieden waren die verschiedenen Sicherheitszonen mit Stacheldraht abgegrenzt. Gegen die Land-

3 Diese Angaben wurden B. S. von Witkowski bei einem gemeinsamen Besuch der Westerplatte am 9. 3. 1978 gemacht.

4 Denne, S. 30.

5 Witkowski, S. 7 ff., 142 f. Denne, S. 22 f.

zunge und zum Hafenkanal hin wurde die Westerplatte durch eine Ziegelmauer abgeschlossen, die jedoch einen schmalen Strandstreifen freiließ. Es war den Danzigern außerdem möglich, einen gewissen Einblick in die Verhältnisse auf der Westerplatte zu gewinnen, da ein Paragraph einer vorläufigen Absprache mit Polen aus dem Jahre 1928 bestimmte, daß die Stadt zwei Polizeiposten auf der Westerplatte unterhalten durfte: einen im Wachhaus »Schupo« beim Haupteingang, in der Nähe der Fähre, aber vor der Ziegelmauer, den anderen im Verwaltungsgebäude am Hafenbecken. Die Polen sahen es gern, daß unbefugte Besucher der Westerplatte von der Danziger Polizei abgewiesen wurden. Dadurch entfiel ein Anlaß für Reibereien zwischen Polen und Deutschen[6].

Die Ereignisse von 1933 gaben den Anstoß, das Durchgangslager auf Danziger Gebiet zu einem befestigten Stützpunkt auszubauen. Die damals vorübergehend vorgenommene Verstärkung der Besatzung stand im Widerspruch zum Beschluß des Völkerbunds von 1925. Die Besatzung mußte auf die zulässigen 88 Mann reduziert, die Feldbefestigungen mußten geschleift werden.

Die Polen betrachteten die nationalsozialistische Machtübernahme in Deutschland und Danzig als Bedrohung der Freien Stadt und ihrer dortigen Rechte. Im Sommer 1933 faßte das Oberkommando in Warschau hinsichtlich der Westerplatte folgenden Beschluß[7]. Für die Besatzung auf der Westerplatte müßten solche Feldbefestigungen geschaffen werden, daß sie im Falle eines von Hitler inszenierten Coups einem von Ostpreußen angesetzten, gut durchgeführten und durch Artillerie unterstützten Angriff 36 Stunden lang Widerstand leisten könne. Der Widerstand sollte auf Befehl aus Warschau eingestellt und die Besatzung durch die Kriegsmarine evakuiert werden. Der Verteidigungsauftrag war in erster Linie politisch und nicht militärisch. Der geplante Ausbau zielte darauf ab, ein befestigtes Verteidi-

6 Siłakowski, in: Flisowski, S. 317 f., und Flisowskis Karte. Brief Rzepniewskis an B. S. vom 16. 12. 1977 und B. S., Interview mit Rzepniewski.

7 Die folgende Beschreibung des Verteidigungssystems der Westerplatte und seiner Verstärkung, wenn nicht anders angegeben, nach dem KTB der »Schleswig-Holstein«, Anlage 9. M. Dv. 601/11, S. 19, 23. Kleikamp, S. 5 f. Wroński, Polskie Siły Zbrojne, S. 123 ff. Sucharski, in: Flisowski, S. 47 ff., und Siłakowski, in: Flisowski, S. 312 ff. Pelczar/Aurich, S. 34 ff. Witkowski, S. 17 ff., 29 f., 42 ff.

gungssystem auf der Westerplatte zu schaffen. Die eigentliche Absicht mußte deshalb sowohl dem Völkerbundskommissar als auch den Danziger Behörden gegenüber verheimlicht werden. Ihnen wurde mitgeteilt, die alten deutschen Gebäude, die sich nicht für die Benutzung durch das Militär eigneten, verfielen. Daher müßten eine Kaserne und die erforderlichen Wachhäuser gebaut werden, sonst solle nichts verändert werden. Man begründete den Bau der Wachhäuser mit der Notwendigkeit, die 20 zur See hin gelegenen Munitionsschuppen und die drei Lager am Hafenbecken bewachen sowie die Seite zum Hafenkanal hin unter Aufsicht halten zu müssen. Der polnische Gesandte in Danzig erwirkte die Zustimmung des Senats zum Bau der Kaserne und der Wachhäuser.

Bei der ungewissen Lage war Zeit knapp. Doch bevor man mit den Bauarbeiten begann, analysierte man sorgfältig die topographischen, technischen und taktischen Voraussetzungen für eine erfolgreiche Verteidigung.

Für am gefährlichsten hielt man einen über die Landzunge vorgetragenen Angriff. Das Hafenbecken auf der anderen Seite der Halbinsel bot eine Möglichkeit, die Verteidigung über den Hafenkanal von hinten aufzurollen. Der Kanal, der die Westerplatte von Neufahrwasser trennte, konnte schnell und auf großer Breite überquert werden. Von den hohen Gebäuden in Neufahrwasser hatte man einen guten Überblick über die nicht vom Wald verborgenen Teile der Westerplatte. Die flach abfallende Seeküste betrachtete man als weniger gefährdet. Doch da sie eine Evakuierung erlaubte, war sie natürlich auch für eine Landung geeignet.

In Übereinstimmung mit dieser Beurteilung wurde das Verteidigungssystem der Westerplatte für die Rundumverteidigung geplant, mit einem Schwerpunkt zur Landzunge hin. Drei Wachhäuser (die Deutschen nannten sie »Schartenstände« oder »Blöcke«) bildeten eine halbkreisförmige Verteidigungslinie gegen diese wahrscheinlichste Angriffsrichtung. Nach rückwärts wurde der Ring durch ein weiteres Wachhaus und ein bereits stehendes Gebäude, das Unteroffizierheim, geschlossen. Wie in den freistehenden Wachhäusern wurden auch in ihm und im Unteroffizierheim Stellungen für Maschinengewehre gebaut. Ihr bestreichendes Feuer sollte ein zusammenhängendes Feuersystem bilden. Die sechs äußerlich verschiedenen Wachhäuser bestanden daher aus zwei Teilen: einmal dem offenen, im Frieden benutzten Teil über der Erde, zum anderen dem im Keller verborgenen für den Kriegsfall.

Unter Leitung von Major (Ing.) Mieczyław Kruszewski, dem Chef der Befestigungsabteilung der Marine, wurde dieser Plan zwischen 1933 und 1936 verwirklicht. Die Arbeiten wurden von der Besatzung und von Zivilarbeitern hauptsächlich nachts ausgeführt. Trotz größter Vorsicht erhielt die deutsche Abwehr allmählich Kenntnis davon, was auf der Westerplatte vor sich ging. Ihr waren die Lage der Wachhäuser und die Zahl der Maschinengewehre ziemlich genau bekannt. Daß Danzig nicht beim Völkerbundskommissar protestierte, mag sich daher erklären, daß es selbst auch eine illegale Militarisierung betrieb. Doch es könnte auch sein, daß man in Danzig den wahren Charakter der Bauten nicht kannte. Die Deutschen können ihre Informationen für sich behalten haben.

Das Ergebnis der Befestigungsarbeiten auf der Westerplatte kann kurz wie folgt beschrieben werden.

Die vier völlig ausgebauten Wachhäuser waren als Kästen aus Ziegel und Beton von etwa 7 x 7 m konstruiert. Die Wände und Decken waren 45 bis 60 cm dick, wobei die Mauern der teilweise unterirdischen Teile der »Häuser« dicker waren. Sie boten daher nur Schutz gegen Infanteriewaffen sowie gegen Granaten- und Bombensplitter. Nur ihre zerstreute Lage mit einem Abstand von etwa 200 m voneinander bot einen gewissen Schutz gegen Volltreffer. Die Wachhäuser hatten zwei Geschosse und waren ziemlich hoch. Das Obergeschoß hatte dicht unter dem Dach schmale Fenster oder, genauer, Scharten, die es ermöglichten, stehend zu beobachten oder zu schießen, u. a. mit leichten Maschinengewehren. Die Scharten konnten mit Sandsäcken abgedeckt werden. In dem stabileren Keller, der zugleich als Luftschutzraum diente, lagen ein bis drei Maschinengewehrstellungen mit einer Abmessung von 2 x 1, 5 x 2 m. Die Schußscharten lagen praktisch in der Höhe des Erdbodens. Die Schußfelder deckten in erster Linie die Straßen- und Eisenbahnzufahrten sowie den inneren Teil des Hafenbeckens.

Der Keller des Unteroffizierheims war stärker befestigt. Maschinengewehrstellungen, von denen aus hauptsächlich nach Westen geschossen werden konnte, waren eingebaut worden. Dieses Wachhaus schützte gleichzeitig die Rückseite des Kerns des Verteidigungssystems, nämlich die neugebaute Kaserne. Auf der Westerplatte lag auch eine ältere Kaserne, die jedoch nicht für die Verteidigung benutzt wurde.

Die neue, im Mittelpunkt der Westerplatte gelegene Kaserne machte äußerlich den Eindruck eines gewöhnlichen, in Form eines T aufgeführten, zweistöckigen Gebäudes. Tatsächlich aber war sie als eine kleine Betonfestung konzipiert und gebaut worden, die sorgfältig als zentrale Bastion und als Rückhalt für die Wachhäuser in die Mitte der Halbinsel gelegt worden war. Auch hier war vor allem der Keller für die Verteidigung wichtig. Die Wände und Decken aus Eisenbeton waren ungefähr ebenso stark wie die der Wachhäuser. Aber hier boten drei Decken Schutz. Bei Bomben- und Granattreffern sollte die Kellerdecke den Trümmerschutt der beiden oberen Decken tragen können, und der Schutt sollte den Schutz des Kellers verstärken. Wie sich später herausstellte, entsprach die Kaserne, die aufgrund von Erfahrungen bei Bombenangriffen und vorgenommenen Versuchen gebaut worden war, auch später den Erwartungen[8].

Der nach Südosten vorspringende Teil des Kellers, in dem mehrere Maschinengewehrstellungen lagen, bildete das sechste »Wachhaus«. Von hier konnten die östliche Langseite und der Haupteingang durch flankierendes Feuer geschützt werden. Durch die vielen Schießscharten dieses Teils konnte das vorgelagerte freie Gelände, über das man den Hauptangriff erwartete, unter Feuer genommen werden. Im Keller lagen auch der Gefechtsstand des Kommandeurs, ein Luftschutzraum und ein mit Filter versehener Brunnen. Im übrigen handelte es sich um eine für Friedensverhältnisse modern eingerichtete Kaserne von hohem Niveau, u. a. gab es eine Küche.

Telefon und Funk verbanden den Gefechtsstand mit der Außenwelt, vor allem mit dem direkten Vorgesetzten auf Hela. Man verfügte über drei Sender und Empfänger verschiedenen Typs und Baujahrs. Die Akkumulatoren wurden durch ein ebenfalls im Keller befindliches, von einem Dieselmotor angetriebenes Feldkraftwerk aufgeladen[9].

Die verschiedenen Verteidigungsanlagen waren durch ein 20 cm

[8] Vgl. Skizze 10.

[9] Sucharski, in: Flisowski, S. 48, und Zarębski, in: Flisowski, S. 328 ff.

tief verlegtes Telefonkabel miteinander verbunden. Eine elektrische Alarmanlage zeigte an, wann und wo eine Unterbrechung eintrat. Sehr häufig richteten Hasen Schaden an und lösten damit Alarm aus[10].

Die zweite Phase der »Militarisierung« des Durchgangslagers begann nach der Märzkrise 1939. Deutschland zerschlug die restliche Tschechoslowakei und stellte Danzig und den polnischen Korridor betreffende Forderungen an Polen. Am 22. März besetzte die deutsche Marine im Handstreich das zu Litauen gehörende Memelland[11]. Dieses Unternehmen war den für die Küstenverteidigung Verantwortlichen eine ernste Warnung.

In dieser Nacht wurde für die Besatzung auf der Westerplatte erhöhte Alarmbereitschaft befohlen. Erst jetzt wurden die Soldaten mit den in den Kellern gelegenen Verteidigungsanlagen vertraut gemacht. Bis dahin waren sie nur den Offizieren und den Berufsunteroffizieren bekannt. Laut Witkowski wurden sich die Soldaten dank der neuen Kenntnisse der eigenen Stärke bewußt, was ihr Selbstvertrauen stärkte.

Die neue, ernste Lage führte zu intensiven Anstrengungen, die Verteidigungskraft der Westerplatte zu erhöhen. Es war höchst ungewiß, welche Gnadenfrist dafür noch verblieb. Man konzentrierte die Anstrengungen auf vier, hier in der Reihenfolge ihrer Bedeutung genannte Punkte:

– Ausbildung der Besatzung
– Feldbefestigungen und Geländearbeiten
– Heranführung schwerer Waffen
– Verstärkung der Besatzung.

In vier Wochen machte man die knapp 90 Mann starke Garnison mit den vorhandenen Waffen und den bis dahin geheimgehaltenen Verteidigungsanlagen vertraut. Dann bewiesen Übungen, daß ein hoher Ausbildungsstand erreicht war. Die Soldaten konnten innerhalb weniger Minuten, sogar bei Nachtalarm, auch die am weitesten vorgeschobenen Stellungen besetzen.

Gleichzeitig arbeitete man »konkrete« Pläne für die Verteidigung des Depots aus. Man hielt es für erforderlich, den Verteidigungsring, oder genauer, das Fünfeck, das die fünf Wachhäuser um die Kaserne bildeten, durch einen äußeren, gegen die Land-

10 Piotrowski, in: Flisowski, S. 294. In den Verteidigungsanlagen Helas waren die Kabel 2 m tief verlegt. B. S., Interview mit Rzepniewski.

11 Jensen, S. 23.

zunge und das Wasser vorgeschobenen Verteidigungsring zu ergänzen. Man legte sieben peripher gelegene Feldbefestigungen, d. h. mehr oder weniger ausgebaute Widerstandsnester an. Die polnische Bezeichnung ist »Posten« (placówka), die deutsche »Unterstand«. Zwei waren gegen die Landzunge vorgeschoben. Zwei lagen beim Hafenbecken. Die übrigen wurden in der Nähe des Wassers gebaut, zwei beim Hafenkanal und einer auf der Seeseite. Es waren gut eingerichtete und getarnte Schutzwehren für Schützen und Maschinengewehre, an die sich, falls möglich, ein mit Balken abgedeckter Unterstand anschloß, der zusätzlich mit einer Erddeckung versehen war. Eine Schlüsselstellung nahm der in einer älteren Verteidigungsanlage gebaute Unterstand »Prom« ein. Von dort hatte man einen guten Überblick über die Landzunge.

Die Arbeiten an diesen Feldbefestigungen begannen im Mai und waren im August abgeschlossen. Gleichzeitig führte die Truppe auch andere Arbeiten im Gelände aus. Bei den Unterständen wurden Schützen- und Verbindungsgräben ausgehoben. Im übrigen wurden auf der Halbinsel Stellungen für schwere Waffen, Schützenlöcher und Bunker angelegt. Den Wald, der nahe der Landzunge dicht war, nutzte man aus, um Stolperdrähte zu ziehen sowie Stacheldrahthindernisse und Verhaue zu schaffen. Vor dem Unterstand »Prom« wurde aus Baumstämmen eine große Barrikade errichtet. Die Baumkronen und bis zu einem gewissen Grad auch die Ziegelmauer verhinderten weitgehend die Einsicht von der anderen Seite des Hafenkanals. Durch sorgfältige Tarnung wurde die Entdeckung der Wehren weiter erschwert. Um den Maschinengewehren ein dem geplanten Feuersystem entsprechendes Schußfeld zu schaffen, wurde das Unterholz gelichtet. Mit dieser Arbeit hatte man bereits 1938 vorsichtig begonnen[12].

Am empfindlichsten war der Mangel an schweren Waffen, vor allem an Artillerie. Aber es fehlten auch Handfeuerwaffen und Munition für eine verstärkte Besatzung. Mit der Hilfe polnischer Eisenbahner, die dabei ein großes Risiko eingingen, gelang es, die Feuerkraft der Westerplatte zu erhöhen. Die für das Militär bestimmte Fracht wurde in Waggons mit Futter für ein Pferd und einige Kühe auf der Halbinsel versteckt. So erhielt

12 Angabe über die Lichtung des Waldes: Dąbrowski, in: Flisowski, S. 68.

man drei leichte Feldgeschütze, die Marschall Rydz-Śmigły in letzter Minute der neuaufgestellten leichten Artillerieabteilung der Marine zugewiesen hatte[13]. Auch zwei Panzerabwehrkanonen und vier Granatwerfer wurden auf diese Weise eingeschmuggelt. Fliegerabwehrwaffen gelangten dagegen nicht auf die Westerplatte.

Schwieriger war es, die Besatzung über die zulässigen 88 Mann – 2 Offiziere, 20 Unteroffiziere und 66 Mannschaften – hinaus zu verstärken. Seit vielen Jahren hatte man Soldaten, die Ausgang hatten, mit einem Schlepper nach Gdingen transportiert. Für gewöhnlich kehrten sie abends zurück, was von der Danziger Polizei kontrolliert wurde. Statt Soldaten schickte man nun in Uniformen gekleidete Zivilangestellte nach Gdingen. Dort übergaben sie die Uniformen richtigen Soldaten, die abends auf die Westerplatte gebracht wurden, wo die Polizei sie nur zählte. Die Zivilbeschäftigten legten zivile Kleidung an und fuhren mit dem Zug oder der Straßenbahn in ihre Wohnungen nach Danzig. Tags darauf kehrten sie mit den städtischen Verkehrsmitteln an ihre Arbeit auf der Westerplatte zurück. Auf diese Weise wurde die Besatzung bis zum 31. August auf etwa 210 Mann verstärkt[14].

Die Besatzung des Durchgangslagers kam aus ganz Polen. Die meisten kamen von den Infanteriedivisionen des Heeres. Aber auch die Marineinfanterie und die übrige Kriegsmarine stellten Leute. Auch die Luftwaffe war vertreten. Voraussetzung für den Dienst auf der Westerplatte war eine »tadellose Vergangenheit«. Der Kommandant des Depots hielt streng auf Disziplin. An die Truppe wurden hohe Anforderungen gestellt. Wer gegen die Dienstbestimmungen verstieß, wurde zu seiner Einheit zurückgeschickt. Routinemäßig wurde der größte Teil der Besatzung im halbjährlichen Turnus abgelöst. Die letzte Ablösung fand Anfang April statt.

Die weitaus meisten Soldaten waren Wehrpflichtige. Gut 20 Mann der Besatzung waren Unteroffiziere, von denen einige am Ersten Weltkrieg teilgenommen hatten. Die Zivilbeschäftigten auf der Westerplatte waren – wie die Beamten der polnischen Post in Danzig – gut ausgebildete Unteroffiziere der Re-

13 Bachmann, Kampf um Hela, S. 277. Rzepniewski, Beilage 15:3.
14 Witkowski, S. 53 f.

serve. Offiziere, die für ein halbes Jahr auf die Westerplatte kommandiert wurden, sollten unverheiratet sein. Dies galt auch für Unteroffiziere, doch wurde bei ihnen nicht so streng auf die Einhaltung dieser Bestimmung gesehen[15].

Die Besatzung der Westerplatte war sozusagen das gegen das deutsche Danzig gewandte militärische Aushängeschild Polens. Unter dem Druck von außen wuchs die aus allen Teilen Polens kommende Garnison zu einer Eliteeinheit zusammen. Der bei Kriegsausbruch auf der Westerplatte stationierten Besatzung gehörten Vertreter aller drei Teilstreitkräfte an.

Die heimliche Verstärkung der Garnison auf der Westerplatte wurde am 13. August abgeschlossen. Seit Juni waren ihr auf die oben beschriebene Weise 81 Mann zugeführt worden[16]. Die jetzt folgende Phase kann als Zeit erhöhter Spannung bezeichnet werden.

Am *22. August* unterbanden die Danziger Behörden den Autoverkehr mit der Westerplatte. Damit wurde die Zufuhr an frischen Lebensmitteln unterbrochen[17].

Am *24. August* hielt die Danziger Polizei auf dem Bahnhof in der Nähe der Westerplatte einen großen, für das Depot bestimmten Transport an und beschlagnahmte ihn. Die Ladung bestand aus etwa 2 000 Handgranaten, 2,5 t Sprengstoff, einigen hundert Granatzündern, etlichen Stahlhelmen und Gasmasken, Verbands- und Arzneimitteln sowie einer vollständigen chirurgischen Feldausrüstung (Stahlhelme und Gasmasken waren nur für die zulässige Besatzung vorhanden).

Am *25. August* lief das Linienschiff »Schleswig-Holstein« ein und machte gegenüber der Westerplatte fest. Auf der polnischen Botschaft (dem Generalkommissariat) in Danzig beschloß man, die verlorengegangene Ladung irgendwie durch einen Kraftwagentransport zu ersetzen.

15 Dąbrowski, in: Flisowski, S. 67. Witkowski, S. 21, 35. Die Besatzung wurde dafür teilweise mit besserer Verpflegung entschädigt. Allen Offizieren und Unteroffizieren stand ein besonderes Kleidergeld zu. Witkowski, S. 23, 38, Anm. 30.

16 Witkowski, S. 144. Da die zulässige Stärke 88 Mann betrug und die tatsächliche etwa 210 Mann, müssen gut 40 Mann auf andere Weise auf die Westerplatte gekommen sein, eventuell im Zusammenhang mit Ablösungen.

17 Die Darstellung für die Zeit vom 22. bis zum 27. August nach Wroński, Polskie Siły Zbrojne, S. 126. Sucharski, in: Flisowski, S. 47 f. Witkowski, S. 62 f.

Am *27. August* gelang es auch einem Lastkraftwagen, vor Morgengrauen mit getarnter Ladung die Westerplatte zu erreichen. Dies war der letzte Waffen- und Munitionstransport dorthin.

Am *31. August* besuchte Oberstleutnant W. Sobociński, Leiter der Militärabteilung bei der polnischen Botschaft in Danzig, trotz strenger Bewachung des Geländes durch ein SS-Heimwehrbataillon, die Westerplatte[18]. Er hatte dabei riskiert, angehalten und sogar festgenommen zu werden. Er unterrichtete für gewöhnlich die Offiziere auf der Westerplatte über die militärische Lage, speziell über Dislokation, Stärke und Vorbereitungen des Gegners in Danzig. Diesmal war er ernst. Die Nachrichtenabteilung des Hauptstabes in Bromberg hatte ihm gerade mitgeteilt, daß das sogenannte Eingreifkorps am selben Tag aufgelöst worden war. Dies im polnischen Korridor stehende Korps hatte die Aufgabe gehabt, im Kriegsfall in Danzig einzugreifen. Sobociński war sich über den Ernst der Lage im klaren und machte sich keine Illusionen über die Möglichkeiten, der Westerplatte zu Hilfe zu kommen. Jetzt informierte er Sucharski über die aussichtslose Lage der Verteidiger. Ehe er abfuhr, befahl er, das Durchgangslager sollte 12 statt, wie zuvor befohlen, 6 Stunden Widerstand leisten.

Innerhalb von sechs Stunden hatte das Eingreifkorps Entsatz leisten sollen[19]. Dies wußte auch die Besatzung der Westerplatte. Bei einer Besichtigung im Sommer 1939 hatte Oberst i. G. Hoszowski der versammelten Mannschaft dieses Versprechen gegeben[20]. Doch das Korps war gebildet und sein Kampfauftrag formuliert worden, als völlig andere Voraussetzungen bestanden als um die Monatswende August/September.

Um die folgende Schilderung der Kämpfe in größerem Zusammenhang sehen zu können, ist es nötig, hier die Rolle des Eingreifskorps hinsichtlich Danzigs und der Westerplatte eingehender zu erklären[21]. Sie entsprach später nicht den polnischen Erwartungen.

Nach Hitlers Machtübernahme rechnete man in Polen mit der Gefahr eines deutschen Handstreichs gegen Danzig. Wie sich

18 Die Schilderung des Besuchs Sobocińskis vor allem nach Witkowski, S. 63 f.

19 Ebd., S. 55.

20 Sucharski, in: Flisowski, S. 53; Piotrowski, in: Flisowski, S. 296.

21 Die Rolle des Eingreifkorps, wenn nicht anders angegeben, nach Jurga, S. 543 ff.

später zeigte, mußte ein derartiges Unternehmen nicht unbedingt zum Krieg führen.
Angesichts dieser Lage wurde auf Befehl des polnischen Oberkommandos aus der 13. und 27. Infanteriedivision der Pommernarmee, die aus insgesamt fünf Infanteriedivisionen und einer Kavalleriebrigade bestand, das sogenannte Eingreifkorps gebildet. Das Korps sollte einen von Deutschland inspirierten, auf Danzig beschränkten Coup niederschlagen.
Ende August 1939 war kein Handstreich, sondern ein Krieg zu befürchten. Die polnischen Landstreitkräfte wurden an der Westgrenze konzentriert. In diesem Zusammenhang wurden weitere Divisionen der Pommernarmee in den polnischen Korridor verlegt. Es galt, eine Vereinigung aus Pommern und Ostpreußen vordringender deutscher Streitkräfte zu verhindern. Andererseits wuchs aber gleichzeitig die Gefahr, daß der Hauptteil der Pommernarmee schon zu Beginn des Krieges in dem engen Korridor eingeschlossen wurde. Am 31. August wurden die beiden Divisionen des Eingreifkorps in die Gegend von Skierniewice zurückgezogen[22]. Das Versprechen und die Versicherung Oberst i. G. Hoszowskis ließen sich also gar nicht erfüllen. Der Garnison auf der Westerplatte und den anderen Polen in Danzig wurde folglich keine Hilfe von außen geleistet.
Nach Rzepniewski war der neue Kampfauftrag des Durchgangslagers, als militärischer Außenposten »einen tatsächlichen und nicht nur einen symbolischen Willen zu demonstrieren, die polnischen Rechte in der Freien Stadt Danzig zu verteidigen, den der Feind weder bagatellisieren noch ignorieren konnte«[23]. Etwas konkreter kann der Auftrag so beschrieben werden: sich nicht überrumpeln zu lassen und lange genug, d. h. 12 Stunden, auszuhalten.

Hier seien kurz Führung und Mittel der polnischen Verteidigung auf der Westerplatte zum Zeitpunkt des deutschen Überfalls beschrieben.
Laut Verteidigungsplan waren den sechs Offizieren folgende Aufgaben übertragen[24]:

22 Z Dziejów wojny, S. 152.
23 Rzepniewski, S. 300.
24 Wroński, Polskie Siły Zbrojne, S. 124. Flisowski, passim. Witkowski, S. 55.

- Kommandant war Major Sucharski
- Stellvertreter, Chef der Wachkompanie und für die Verteidigung der Kaserne und des inneren Ringes (der Wachhäuser) verantwortlich war Hauptmann Franciszek Dąbrowski
- auf dem südlichen/südöstlichen Abschnitt sowie dem Unterstand »Prom« befehligte Oberleutnant Leon Pająk
- auf dem nordwestlichen Abschnitt und dem Unterstand Przystan« kommandierte Fähnrich Zdzisław Kręgielski
- Führer des technischen Zuges (Instandsetzungszuges), für das Elektrizitätswerk verantwortlich sowie Adjutant des Kommandanten war der Ingenieur und Oberleutnant der Reserve der Luftwaffe Stefan Grodecki
- Truppenarzt war Hauptmann Dr. med. Mieczysław Słaby.

Der Kommandant und sein Stellvertreter waren Infanterieoffiziere, die den üblichen Truppendienst absolviert hatten. Beide hatten als Offizierausbilder Dienst getan. Aber in anderer Hinsicht war ihr Werdegang unterschiedlich[25].

Der Bauernsohn Sucharski wurde 1898 im heutigen Südpolen geboren. Im Ersten Weltkrieg diente er in der österreichischen Armee an der italienischen Front, brachte es zum Offizier und zum Kommandeur eines Sturmbataillons. Nachdem Polen wieder selbständig geworden war, trat er in das polnische Heer ein. Im Dezember 1938 wurde er Kommandant der Westerplatte.

Dąbrowski wurde 1904 in Budapest geboren. Sein Vater war General, seine Mutter entstammte dem Adel. Die Schule besuchte er in Wien. Nach dem Ersten Weltkrieg wurde er an der Warschauer Kadettenschule zum Offizier ausgebildet. Er war ein Jahr früher als sein Vorgesetzter auf die Westerplatte kommandiert worden[26].

Zwei Unteroffiziere, die wie Sucharski schon am Ersten Weltkrieg teilgenommen hatten, müssen besonders genannt werden. Ältester Unteroffizier war der Oberfeldwebel Jan Gryczman, der Stellvertreter des Kommandanten des Unterstands »Prom«. Während der ersten Kampftage mußte er zunächst auf »Prom«

25 Witkowski, S. 42, Anm. 36 und 38. Rzepniewski, S. 659 f., 689. B. S., Interview mit Flisowski.

26 Während der Napoleonischen Kriege gab es einen polnischen General Dąbrowski. Der nach ihm benannte Marsch ist noch heute die Nationalhymne Polens. Angabe von Birger Calleman.

und dann im Wachhaus Nr. 1 den Befehl übernehmen. Führer der schweren Waffen war Oberfeldwebel Leonard Piotrowski[27].

Die Stärke der Besatzung am 1. September wird sehr unterschiedlich mit etwa 170 bis 220 Mann angegeben. In Polen haben die bereits genannten Pająk und Flisowski sowie neuerdings Boleslaw Fengler große Anstrengungen unternommen, die genaue Stärke festzustellen. Fengler hat sich bei seinen Forschungen auf Danziger Archivmaterial gestützt. Seine und andere Forschungsergebnisse hat Witkowski für sein 1977 veröffentlichtes Buch herangezogen. Er hat die militärische Besatzung der Westerplatte am 31. August 1939 auf etwa 210 Mann berechnet[28].

Die polnischen Angaben über Personalstärke und Bewaffnung können mit denen verglichen werden, die die Deutschen nach der Kapitulation gemacht haben.

Personal	Polnische Angaben Witkowski u. a.[29]	Deutsche Angaben KTB „Schleswig-Holstein“[30]	
Offiziere	6	6	
Unteroffiziere und Mannschaften	203	206	(eventuell mehr)
Zivilangestellte (nicht mobilisiert)	9	—	
Summe	218	212	(eventuell mehr)

Wie aus der Aufstellung hervorgeht, stimmen die Angaben beider Seiten recht gut überein. Der Unterschied läßt sich wahrscheinlich mit dem nicht immer ganz eindeutigen Mobilmachungsstatus der Zivilangestellten erklären. Die Deutschen betrachteten offenbar alle Polen auf der Westerplatte als Kombattanten.

Eine entsprechende Gegenüberstellung der Angaben über Waffen und Munition ergibt folgendes Bild:

27 Flisowski, S. 15 f. Dąbrowski, in: Flisowski, S. 67. Pająk, in: Flisowski, S. 338 ff. Witkowski, S. 41, Anm. 35, S. 147.

28 Witkowski, S. 54 f.

29 Von Witkowskis Angabe »209 Soldaten« sind 6 Offiziere, deren Zahl eindeutig feststeht, abgezogen worden.

30 BA-MA M 887/48503, 8. 9. 1939. Angabe in der Meldung Kleikamps an das Marine-Gruppenkommando Ost am 8. 9. 1939. Kleikamp meldete diese Zahl, vorbehaltlich noch nicht gefundener Gefallener.

Waffen und Munition	Polnische Angaben[31]	Deutsche Angaben KTB „Schleswig-Holstein“[32]
7,6-cm-Feldgeschütz m/02-26[33]	1	1
3,7-cm-Pak, Bofors	2	2
8,1-cm-Granatwerfer m/18-31	4	einige
Maschinengewehre m/30	18	17
leichte Maschinengewehre m/28	17	16
leichte Maschinengewehre m/08-15	6	
Gewehre	160	150
Pistolen	40	—
7,6-cm-Granaten	330	—
3,7-cm-Granaten	400	Munition vorhanden
8,1-cm-Granaten	860	—
Patronen für Maschinengewehre	130 000	Kein Mangel an Munition
Patronen für Gewehre	45 000	
Handgranaten/ Übungshandgranaten	660/660	Eierhandgranaten angetroffen

Anmerkung: Keine Angaben über Landminen

Personal und Maschinenwaffen waren wie folgt auf Wachhäuser und Unterstände verteilt[34]:

Wachhaus (Nr.) Unterstand (Name)	Besatzung	Bewaffnung
Innerer Ring:		
Nr. 1	Obergefreiter P. Buder + 13	2 MG + 2 l. MG
Nr. 2	Gefreiter B. Grudziński + 12	3 MG + 2 l. MG

[31] Flisowski, S. 16. Flisowski stützt sich u. a. auf die Angaben von Sadowski, S. 305 f. Sadowski war Oberfeldwebel der Marine und Kammerunteroffizier des Vorratslagers. Es liegen etwas abweichende Angaben über die Zahl der Maschinenwaffen vor.

[32] BA-MA M 887/48503, 7. 9. 1939. M. Dv. 601/11, S. 23. Kleikamp, S. 6. Pelczar/Aurich, S. 36. Die niedrigeren deutschen Ziffern können dadurch entstanden sein, daß einige polnische Waffen unter den Trümmern verschüttet waren. – Nach den deutschen Quellen wurde in diesem polnischen Munitionslager nicht viel Munition gefunden. Man nahm an, die Polen hätten sie rechtzeitig abtransportiert.

[33] Rzepniewski, Beilage 15:3. Rzepniewski gibt das Kaliber des Geschützes richtig mit 7,6 cm an. Die übrigen polnischen Forscher schreiben 7,5 cm oder 3 Zoll.

[34] Sadowski, in: Flisowski, S. 307 ff. Flisowski, S. 338 ff. und Karte. Witkowski, S. 47 ff., 59 (Tagesbefehl des Chefs der Wachkompanie Dąbrowski vom 31. 8. 1939).

Nr. 3, Unteroffizierheim	Obergefreiter J. Naskręt + 8	2 MG + 2 l. MG
Nr. 4	Gefr. W. Goryl + 12	1 MG + 3 l. MG
Nr. 5	Obergefreiter A. Petzelt + 11	1 MG + 2 l. MG
Nr. 6, Kaserne	Gefreiter E. Luczyński + 6	3 MG
Äußerer Ring:		
Prom	Oberleutnant L. Pająk + ca. 15	1 MG + 2-4 l. MG
Sierz. Deika	Feldwebel W. Deik + 6	1 l. MG
Przystań	Fähnrich Z. Kręgielski + 11	1 MG + 2 l. MG
Elektrownia	Feldwebel M. Gawlicki + ca. 10	1-2 l. MG
Lazienski	Gefreiter H. Chrul + ca. 10	1 l. MG
beim Munitionsschuppen Nr. 19	Oberfeldwebel F. Bartoszak + ?	1 l. MG
Fort	Oberfeldwebel B. Rygielski + 10	1 MG + 1 l. MG
Wal	Gefreiter E. Szamlewski + 5	1-2 l. MG

Anmerkung: Höchstens 3 Maschinengewehre in Reserve

Die Besatzung war zu etwa je einem Drittel im äußeren bzw. im inneren Verteidigungsring eingesetzt. Der Rest der etwa 210 Mann starken Garnison war dem Verteidigungsplan nach als Besatzung der im Zentrum gelegenen Kasernenbastion und zur Bedienung der schweren Waffen eingeteilt[35].

Das Feldgeschütz unter dem Befehl von E. Grabowski stand in einer geschützten Stellung in der Garage der Kaserne. Westlich davon war am Waldrand eine getarnte Geschützstellung vorbereitet worden, von der aus vor allem über den Hafenkanal geschossen werden konnte[36]. Die Ausgangsstellungen der vier Granatwerfer lagen im Nordosten, sehr nahe bei der Kaserne. Der junge Führer des Granatwerferzugs, Obergefreiter J. Bieniasz, hatte an dieser Waffe die Meisterschaft seiner Division gewonnen[37]. Die beiden von dem Obergefreiten J. Lopatniuk

35 Witkowski, S. 55.
36 Dąbrowski/Grodecki, in: Flisowski, S. 331.
37 B. S., Interview mit Flisowski.

geführten Panzerabwehrkanonen sollten die Landzunge decken. Beide Kanonen waren ziemlich weit zurück in Stellung gebracht worden, eine nördlich, bei der Eisenbahnlinie, die andere südlich mit einem Schußfeld, das die auf die Westerplatte führenden Straßen deckte (siehe Skizze 2).

Die Besatzung reichte aus, um Waffen und Gerät zu besetzen. Aber im Hinblick auf die hohe Alarmstufe, die während der letzten Augusttage, nicht zuletzt nachts, eingehalten werden mußte, war sie zu gering. Für Überwachung und Kontrolle wurde nämlich eine große Anzahl von Posten und Streifen benötigt[38]. Es sollte sich während des Kampfes herausstellen, daß der Personalbestand so klein war, daß auch nicht die geringsten Reserven für den Einsatz in besonders kritischer Lage gebildet werden konnten[39].

Dagegen waren genügend Lebensmittel vorhanden, um einen längeren Kampf oder eine Belagerung durchzustehen. Der Vorrat an Konserven, Zwieback und frischen Lebensmitteln reichte aus, um die Besatzung vier Wochen zu verpflegen. Die Wasserversorgung war durch einige mit Filtern versehene Brunnen, von denen einer im Keller der Kaserne lag, sichergestellt.

Das Verteidigungswerk auf der Westerplatte ist vom Gegner als »eine den Geländeverhältnissen gut angepaßte und durch zweckmäßige Verteidigungsanlagen sehr gut gesicherte Waldstellung von großer Tiefe« beschrieben worden[40]. Doch hätte die Westerplatte kaum, wie geschehen, ihre Aufgabe gelöst, hätte man nicht nach einem realistischen und durchdachten Verteidigungsplan gehandelt. Er basierte ganz einfach auf der Voraussetzung, daß jeder »Feuerring«, Abschnitt oder einzelne Stützpunkt auf sich gestellt, ohne von oben geführt zu werden, aber dennoch in ein zusammenhängendes System eingeordnet, kämpfen konnte. Sucharski hatte eine Verteidigung organisiert, die nahezu automatisch funktionierte.

38 Witkowski, S. 57 f.
39 Rzepniewski, S. 300.
40 Diese Beurteilung schrieb der Kommandant der »Schleswig-Holstein«, Kapitän z. S. Gustav Kleikamp, unter dem 7. 9. 1939 in sein Kriegstagebuch. BA-MA M 887/48503. Natürlich kann sie eine gewisse Tendenz enthalten.

8. Die »Schleswig-Holstein« geht nach Danzig

Wie erwähnt, war der Kommandant der »Schleswig-Holstein«, Kapitän z. S. Gustav Kleikamp, am 16. August zum OKM nach Berlin befohlen worden, um den Einsatz des Schiffes zu besprechen[1]. Er wies während dieser Besprechung darauf hin, daß die Westerplatte genommen sein müsse, bevor das Schiff sich auf die für den Artillerieeinsatz nötige Feuerstellung begeben könne. Das OKM eröffnete ihm, die Danziger Verbände würden sofort bei Kriegsbeginn die Westerplatte nehmen. Das wurde auch dem am 19. August nach Danzig entsandten Ersten Offizier des Schiffes, Korvettenkapitän v. Both, erklärt und zwar sowohl von dem für Marinefragen zuständigen Offizier der Freien Stadt, Kapitän z. S. Droescher, als auch von dem von der Kriegsmarine bereits am 10. August nach Danzig kommandierten Korvettenkapitän Hornack. Es wurde Kleikamp erneut versichert, als er sich am 23. August bei dem Marine-Gruppenbefehlshaber Ost, Generaladmiral Conrad Albrecht, meldete, der des bevorstehenden Angriffs wegen seine Befehlsstelle von Kiel nach Swinemünde verlegt hatte.
Das Linienschiff »Schleswig-Holstein« war zwischen 1905 und 1908 gebaut und 1925–1926, 1930–1931 sowie 1936 umgebaut worden. Nach dem letzten Umbau war es als Schulschiff für deutsche Seekadetten in Dienst gestellt worden. Seine technischen Daten waren: 8 291 BRT, 125,9 m Länge und 22,2 m Breite. Seine Bewaffnung bestand aus vier 28-cm-, zehn 15-cm- und vier 8,8-cm-Geschützen sowie aus vier 3,7-cm- und vier 2-cm-Flak.

1 Die folgende Darstellung, wenn nicht anders angegeben, nach BA-MA M 887/48503: Kriegstagebuch der »Schleswig«Holstein. Im KTB werden die Namen der höheren Offiziere des Schiffes nicht genannt, sondern nur ihre Dienststellungen angegeben, z. B. I. O. (Erster Offizier) usw. Die Namen nach Lohmann/Hildebrand, Nr. 52, S. 47. Die technischen Daten des Schiffes nach Gröner, S. 77 f.

Albrecht befahl außerdem, die Flakbewaffnung der »Schleswig-Holstein« mit Personal und Material der Flugabwehr- und Küstenartillerie-Schule in Swinemünde zu verstärken, und zwar mit 2 Offizieren, 19 Unteroffizieren und 39 Mannschaften, insgesamt 60 Mann, sowie mit fünf 2-cm-Flak mit 7 000 Schuß Munition und mit sechs Maschinengewehren mit 52 000 Schuß Munition.

Diese Verstärkungen zeigen die deutschen Befürchtungen um das Schiff. Da es nach alten Methoden gebaut worden war, wäre es nämlich bei Bomben-, Torpedo- oder Minenschaden sehr schnell gesunken.

Auf Befehl Raeders sollte das Schiff auch eine Marinestoßtruppkompanie an Bord nehmen. Diese bei der III. Marine-Artillerie-Abteilung aufgestellte Spezialtruppe war als Stoßtrupp für Landungsunternehmen besonders ausgebildet und ausgerüstet. Sie sollte die »Schleswig-Holstein« im Danziger Hafen sichern und für Spezialaufgaben eingesetzt werden. Standort der Kompanie war Swinemünde, doch lag sie zur Zeit in Memel. Sie bestand aus vier Offizieren, einem Arzt und 225 Mann und gliederte sich in:

- 2 Infanteriezüge mit je drei leichten Maschinengewehren
- 1 Pionierzug mit drei leichten Maschinengewehren
- 1 Maschinengewehrzug mit 2 Maschinengewehren C/30[2]
- 1 schweren Granatwerferzug mit 2 Granat- und einem Minenwerfer
- 1 schweren Maschinengewehrzug mit 3 schweren Maschinengewehren
- 1 Nachrichtenzug
- 7 Krad.

In Danzig wurden der Kompanie zwei weitere Ärzte zugeteilt.

Am 23. August erhielt die 1. Minensuchflottille Befehl, am 24. August um 03.00 Uhr die Stoßtruppkompanie in Memel abzuholen. Am selben Abend um 20.00 Uhr sollten die Minensuchboote auf See, 12 sm nordwestlich von Stolpmünde, mit der »Schleswig-Holstein« zusammentreffen. Nach Einbruch der

[2] Kaliber 2 cm, nach Änderungen als 2-cm-Flak 30 eingesetzt, Vgl. Renz, S. 71 f.

Dunkelheit sollte die »Schleswig-Holstein« die Kompanie übernehmen[3].

Die »Schleswig-Holstein« lief am 24. August um 11.00 Uhr von Swinemünde aus. Um 20.10 Uhr traf sie mit sechs Booten der 1. Minensuchflottille zusammen, die die Stoßtruppkompanie mitführten. Die »Schleswig-Holstein« setzte auf geringstmögliche Fahrt herab, nahm an Steuerbord und Backbord zugleich nacheinander je ein Minensuchboot längseits und übernahm zwischen 20.33 und 22.03 Uhr die Stoßtruppkompanie mit Ausrüstung. Das günstige Wetter – wolkenloser Himmel, Mondschein, Wind aus Ostnordost mit Stärke 2 und Seegang mit Stärke 1 bis 2 – erleichterte die Übernahme. Doch hätte sie nach Kleikamp noch schneller durchgeführt werden können, wenn man vorbereitend Stropps an jedem schweren Gerät und Krad angebracht hätte, um das Aufheißen durch die Schiffskräne zu beschleunigen. Auch hätten Munition und Kleingerät in haltbaren Netzen oder Planen klar zur Übernahme bereitliegen können.

Nach Kleikamp war es jetzt an Bord sehr eng geworden. Insgesamt hatte er 1 197 Mann an Bord. Davon gehörten 907 zur Besatzung des Schiffes, 60 kamen von der Flugabwehr- und Küstenartillerie-Schule in Swinemünde, 225 von der Stoßtruppkompanie und 5 von Film und Presse.

Während des Marsches nach Danzig wurden folgende Granaten scharf gemacht:

419 – 28 cm
2 000 – 15 cm
1 800 – 8,8 cm.

Als sich die »Schleswig-Holstein« am 25. August um 08.35 Uhr der Einfahrt zum Danziger Außenhafen Neufahrwasser näherte, kamen der Komplimentieroffizier der Stadt, Rittmeister Lademann, der Verbindungsoffizier des OKM, Korvettenkapitän v. Davidson, und der deutsche Vizekonsul Ernst v. Grolman an Bord. Sie gaben Kleikamp den vom Danziger Se-

[3] Zur Kommandierung Hornacks nach Danzig, zur Verstärkung der Flakbewaffnung und zur Mitnahme der Marinestoßtruppkompanie siehe auch BA-MA III M 1000/1: Kriegstagebuch der Seekriegsleitung, Teil A. M 521/38643: Kriegstagebuch des Marine-Gruppenkommandos Ost und M 521/38661–38669: Kriegstagebuch des Kommandierenden Admirals der Marinestation der Ostsee.

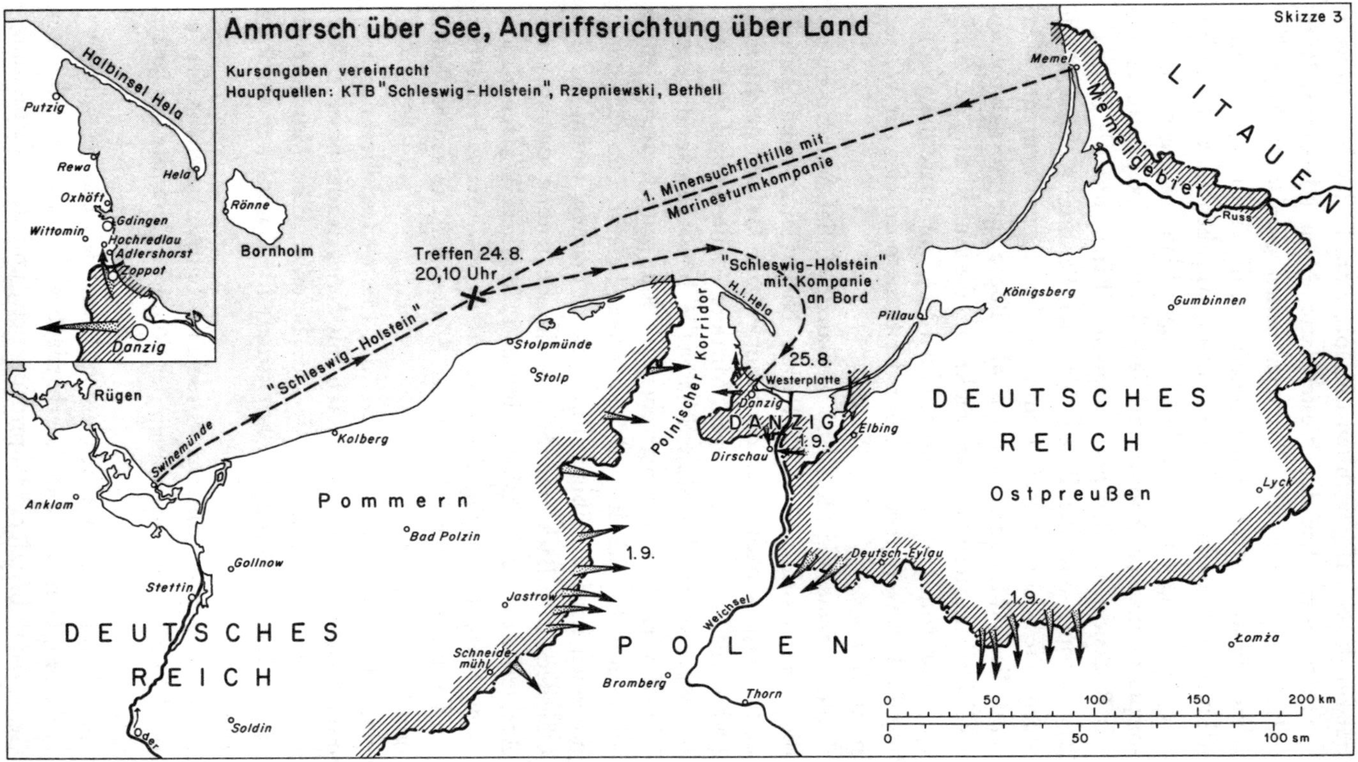
Skizze 3
Anmarsch über See, Angriffsrichtung über Land
Kursangaben vereinfacht
Hauptquellen: KTB "Schleswig-Holstein", Rzepniewski, Bethell
Halbinsel Hela
Putzig
Rewa
Hela
Oxhöft
Gdingen
Wittomin
Hochredlau
Adlershorst
Zoppot
Danzig
Rönne
Bornholm
Rügen
Memel
LITAUEN
Memelgebiet
Russ
1. Minensuchflottille mit
Marinesturmkompanie
Treffen 24. 8.
20,10 Uhr
"Schleswig-Holstein"
mit Kompanie
an Bord
H. I. Hela
25. 8.
Westerplatte
Pillau
Königsberg
Gumbinnen
"Schleswig-Holstein"
Swinemünde
Stolpmünde
Stolp
Kolberg
Polnischer Korridor
Danzig
DANZIG
1. 9.
Dirschau
Elbing
DEUTSCHES
REICH
Ostpreußen
Lyck
Anklam
Pommern
Bad Polzin
Gollnow
Stettin
1. 9.
Jastrow
Deutsch-Eylau
Weichsel
1. 9.
DEUTSCHES
REICH
POLEN
Łomża
Schneidemühl
Bromberg
Thorn
Soldin
Oder
0 50 100 150 200 km
0 50 100 sm

nat für das Schiff gewählten Liegeplatz an. Er lag bei den Salzspeichern gegenüber der Westerplatte. Nach Kleikamps Beurteilung war das Schiff dort eventuellen polnischen Angriffen allzu sehr ausgesetzt. Daher zögerte er, diesen Liegeplatz anzunehmen, zumal ihm Davidson keine Angaben über die polnische Besatzung oder über die Danziger Planung gegen die Westerplatte machen konnte. Schließlich aber akzeptierte er ihn mit Rücksicht auf den psychologischen Effekt auf die Danziger Bevölkerung und die Polen. Vor der Festung Weichselmünde wurde die »Schleswig-Holstein« von Schleppern gedreht. Während dieses Manövers wurden alle Boote mit Ausnahme von zwei Deckskuttern ausgeschwenkt, um die Ausrüstung der Stoßtruppkompanie zu verdecken. Um 10.44 Uhr hatte die »Schleswig-Holstein« festgemacht, mit der Steuerbordseite zur Westerplatte hin.
Ehe die »Schleswig-Holstein« in Danzig einlief, wurden bis auf die Verkehrsschotten und offenen Niedergänge vom Aufbau und Oberdeck nach unten die Schotten zum Gefecht geschlossen. Leckwache wurde aufgezogen. Mittlere Artillerie und Flakwaffen wurden einschließlich Schaltstelle bzw. Leitstand besetzt. Die schwere Artillerie war ebenfalls klar zum Gefecht, jedoch wurde nur ihre Schalt- und Rechenstelle besetzt. Um nach außen hin einen friedensmäßigen Eindruck zu machen, traten auf dem Oberdeck auf Back und Schanz die Bedienung der schweren Artillerie, die zu Divisionen in der Nähe ihrer Waffen zusammengefaßte Bedienung der Flakwaffen sowie eine Heizerfreiwache an. Auf der Schanze der Steuerbordseite traten Musik und Ehrenwache an.
Nach dem Festmachen wurden die 15-cm-Geschütze der Steuerbordseite und die Flakwaffen mit Kriegswache besetzt. Verschärfter Verschlußzustand wurde befohlen. Die Maschine erhielt Befehl, halbstündige Bereitschaft für Dampf auf für 9 sm zu halten.
In den folgenden Stunden wurde eine Reihe offizieller Gäste an Bord empfangen, unter ihnen der polnische Gesandte in Danzig, Chodacki.
Am Nachmittag kam der Befehlshaber der Danziger Heeresverbände, Generalmajor Eberhardt, begleitet von seinem ersten Generalstabsoffizier, Hauptmann Fett, und dem Verbindungs-

offizier der Marine, Korvettenkapitän v. Davidson, an Bord. Eberhardt befehligte folgende Verbände:

2 Polizeiregimenter
1 SS-Heimwehrregiment
1 Artillerieabteilung
1 Reservebataillon
die Danziger Flakverbände
einige kleinere Danziger Polizeieinheiten.

Außerdem gab es den Küstenschutz der Danziger Landespolizei, der von dem von Deutschland nach Danzig kommandierten Korvettenkapitän Hornack befehligt wurde.
Bei diesen Danziger Polizeiverbänden handelte es sich fast ausschließlich um getarntes Militär. Das im Juli 1939 aufgestellte SS-Heimwehrregiment setzte sich aus 1 000 aus Deutschland kommenden SS-Leuten und 500 Freiwilligen aus Danzig und Umgebung zusammen[4].
Eberhardt informierte Kleikamp, er habe nie geplant, mit seinen Verbänden die Westerplatte zu nehmen, sondern nur, sie gegen die dort befindliche Besatzung zu sichern. Während der Besprechung, an der auch der Danziger Senatspräsident Greiser teilnahm, lief um 16.48 Uhr der Befehl ein, am Morgen des 26. August Polen anzugreifen. Gemäß zuvor erteiltem Befehl sollte die »Schleswig-Holstein« vor allem den Danziger Truppen, die die polnischen Stellungen nördlich von Danzig angreifen sollten, Artillerieunterstützung geben. Um diesen Kampfauftrag ausführen zu können, mußte das Schiff jedoch eine Feuerstellung nördlich der Westerplatte einnehmen. Kleikamp meinte aber, es sei zu gefährlich, sich auf diese Position zu begeben, solange das Schiff von der Westerplatte aus beschossen werden könne. Deshalb einigte er sich mit Eberhardt darauf, die Westerplatte nach einem kurzen Feuerüberfall der »Schleswig-Holstein« durch die Marinestoßtruppkompanie nehmen zu lassen. Anschließend sollte die Kompanie Eberhardt zur Verfügung gestellt und die vorgesehene Artillerieunterstützung geleistet werden. Kleikamp vermerkte im Kriegstagebuch, daß keiner der anwesenden Offiziere irgendwelche Befürchtungen geäußert habe, der Angriff auf die Westerplatte könne schwierig werden.

4 Bachmann, Kampf um Hela, S. 284. Vgl. Denne, S. 210 ff. Klietmann, S. 419 f. Flisowski, S. 16 ff.

Kurz nach 17.00 Uhr erhielt die Marinestoßtruppkompanie Befehl, sich ab 21.00 Uhr zur Ausschiffung bereitzuhalten. Die Kompanie sollte sich dann auf Straßen, die nicht von der Westerplatte eingesehen werden konnten, in ihre Ausgangsstellung begeben. Um 21.20 Uhr ging jedoch die Mitteilung ein, der Angriff auf Polen sei aufgeschoben.
Dieser Aufschub zwang die Deutschen, die »Schleswig-Holstein« im Danziger (Neufahrwasser) Hafen zurückzuhalten, obwohl der offizielle Besuch beendet war. Kleikamp erhielt am 26. August um 14.40 Uhr Befehl, in Danzig zu bleiben. Die offizielle Begründung für diesen Beschluß der Deutschen lautete, man wolle vermeiden, durch Schiffsbewegungen in der Danziger Bucht die Spannung zu erhöhen.
Bereits um die Mittagszeit des 26. Augusts war Kleikamp überzeugt, daß die Polen auf der Westerplatte sich auf die Verteidigung gegen sein Schiff vorbereitet hätten. Beobachtungs- und Maschinengewehrstellungen hatten ausgemacht werden können. Kleikamp war sicher, daß die Polen, falls sie über schwere Waffen, z. B. Granatwerfer, verfügten, auch deren Einsatz vorbereitet hatten. Er entschloß sich daher, das Schiff weiter nach Danzig bis auf die Höhe der Festung Weichselmünde zu verholen. Dort lag es seiner Beurteilung nach sicher vor polnischen Angriffen. Außerdem konnte die Stoßtruppkompanie dort, von den Polen unbeobachtet, ausgeschifft werden. Andererseits konnte das Schiff von diesem Liegeplatz aus nur den südöstlichen Teil der Westerplatte beschießen, und auch diesen nur mit einigen Waffen, nämlich mit den beiden vorderen 28-cm- und 15-cm-Geschützen sowie mit vier 2-cm-Flak.
Zwischen 18.00 und 19.00 Uhr wurde das Schiff auf den neuen Liegeplatz verholt. Nach Beobachtungen vom Schiff und durch den Danziger Küstenschutz gruppierten die Polen am Abend und während der Nacht ihre Verteidigung der neuen Position des Schiffes entsprechend um.
Da der Angriff aufgeschoben wurde, war es den Deutschen auch möglich, den Überfall besser vorzubereiten. So nahm der Führer der Stoßtruppkompanie, Oberleutnant Henningsen, täglich Erkundungen gegen die Westerplatte vor, gewann jedoch keine wesentlichen Erkenntnisse über die polnische Verteidigung. Kleikamp und auch die Danziger Stellen schätzten die Stärke der polnischen Besatzung auf 150 bis 200 Mann. Sie wußten

aber nichts über Verteidigungsanlagen und Ausrüstung der Polen. Zunächst hatten sie noch nicht einmal irgendwelche Kenntnisse über das Gelände. Erst am 28. August beschaffte Gauleiter Forster einige gute Flugaufnahmen. Und erst am Nachmittag des 31. August erhielt Kleikamp von Baurat Schmidt vom Danziger Hafenbauamt eine alte Karte im Maßstab 1:1 000 über die Westerplatte. Auf der Karte waren jedoch keine Bauten eingetragen, und auch Schmidt besaß keinerlei Informationen über die polnischen Verteidigungsanlagen. Dagegen konnte er genaue Angaben über das Vorgelände der Westerplatte machen. Die deutsche Wehrmacht war recht genau über die polnische Verteidigung auf der Westerplatte unterrichtet. Wahrscheinlich war es den Deutschen ab 1933 gelungen, derartige Informationen zu erhalten. Als eine vorbeugende und demonstrative Maßnahme gegen die Entwicklung in Deutschland und gegen Danzigs immer betontere antipolnische Haltung hatten die Polen am 6. März 1933 eine verstärkte Kompanie Marineinfanterie auf der Westerplatte gelandet, doch der Völkerbund griff wie erwähnt ein und zwang Polen nach zehn Tagen, die Besatzung auf die zulässige Stärke gemäß dem Völkerbundsbeschluß von 1925 zu verringern. Wahrscheinlich gelang es den Deutschen, sich im Zusammenhang mit dieser vom Völkerbund überwachten Truppenverringerung zum erstenmal eingehende Informationen über die polnische Verteidigung zu beschaffen.
Auch in den folgenden Jahren gelang es den Deutschen, korrekte Angaben über die polnische Verteidigung, nicht zuletzt die auf der Westerplatte, zu erhalten. Wie die Angaben über die Verteidigung anderer Länder wurden sie immer wieder in geheimen, nur für den Dienstgebrauch freigegebenen Dienstschriften der drei Wehrmachtteile zusammengestellt. Beim Angriff auf Polen war das Informationsheft der Marine am ältesten. Es war 1938 erschienen und enthielt bis zum 15. März 1938 bekanntgewordene Angaben. Das Heft der Luftwaffe war am 1. April 1939, das des Heeres erst am 15. Juni 1939 abgeschlossen worden.
Kleikamp hatte jedoch keines dieser Hefte an Bord. Daß er nicht von ihnen erfuhr, ehe er nach Danzig auslief, mag damit zu erklären sein, daß er ja die Westerplatte nicht angreifen sollte. Wahrscheinlicher ist jedoch, daß die deutsche Seekriegsleitung einfach vergaß, ihm ihr eigenes Informationsheft auszuhändigen.

Es war kurz vor dem 15. August an alle Befehlshaber und Kommandanten der gegen Polen eingesetzten Verbände und Schiffe ausgeteilt worden. Zu diesem Zeitpunkt war aber noch nicht entschieden, ob die »Schleswig-Holstein« nach Danzig gehen sollte[5].

Dagegen läßt sich schwerer erklären, weshalb Kleikamp, nachdem er sich hatte entschließen müssen, die Westerplatte anzugreifen, nicht beim Marine-Gruppenkommando Ost anfragte, ob dort Informationen über die polnische Verteidigung vorlägen. Möglicherweise konnte er sich nicht denken, daß man dort Angaben machen konnte, die er vergeblich versuchte in Danzig zu erhalten.

Die der deutschen Wehrmacht bekannten Angaben wurden an Kleikamp auch dann nicht weitergeleitet, als seine beiden Angriffe fehlgeschlagen waren. Auch die Heereseinheit, die am 2. September zum Einsatz gegen die Westerplatte befohlen wurde, kannte sie nicht. Das läßt sich vielleicht am einfachsten damit erklären, daß die Deutschen in der allgemeinen Aufregung diese Informationen einfach vergaßen. Es könnte aber auch sein, daß sie nach den beiden mißlungenen Angriffen an ihrer Richtigkeit zweifelten.

Am 27. und 28. August unterrichtete sich Kleikamp außerdem genauer über die Gruppierung der Danziger Streitkräfte. An Hand der ergangenen Befehle stellte er nochmals fest, daß die Danziger Verbände niemals beabsichtigt hatten, die Westerplatte zu nehmen. Er hielt deshalb am 27. August 1939 im Kriegstagebuch fest: »Ich machte hier ausdrücklich auf den hier offen-

[5] Handbuch für Generalstabsoffiziere, S. 15 und Anlage 21. Oberkommando des Heeres, S. 32 und Skizze 5. BA-MA RM 118/28: Kriegstagebuch der Küstenfliegergruppe 306. Der Führer dieses Verbandes verweist unter dem 1. 9. 1939 ausdrücklich auf die von der Marine und der Luftwaffe herausgegebenen Schriften. Rzepniewski, Beilage 21, bietet die Karte über die Westerplatte aus dem geheimen Informationsheft der deutschen Marine, gibt aber nicht an, woher sie stammt. Den Hinweis auf diese dienstlichen Veröffentlichungen verdanke ich Herrn Oberstleutnant Dr. H. Rohde, Freiburg i. Br.; den Hinweis darauf, daß das Informationsheft der Marine kurz vor dem 15. August an die Kommandanten und Befehlshaber der für den Einsatz gegen Polen vorgesehenen Einheiten der Marine ausgegeben wurde, sowie die Erklärung, warum Kleikamp diese Feindnachrichten wahrscheinlich vor seiner Abreise aus Deutschland nicht erhielt, verdanke ich Herrn Kapitän z. S. Dr. P. Heinsius, Hamburg. Zur polnischen Aktion gegen die Westerplatte 1933 siehe Ziehm, S. 163 ff., Rhode, S. 491. Wereszycki, S. 690. Bethell, S. 1.

sichtlich vorhandenen Unterschied in der Beurteilung der Westerplatte aufmerksam. Meines Erachtens hat man ›Gewährsleuten‹ mehr geglaubt als den militärischen Stellen und diesen nicht gesagt – nicht einmal im August 1939 –, was gegenüber der Westerplatte beabsichtigt gewesen sei. Ich kann nur annehmen, daß das O. K. M. die Frage der Entsendung des Schiffes nach Danzig sonst anders beurteilt hätte.«

Am 28. August traf Kleikamp auch mit dem Kommandeur des Danziger Polizeiregiments Nr. 1, Oberst Krappe, zusammen, um Einzelheiten des Artillerieeinsatzes des Schiffes gegen die polnische Verteidigung im Raum Adlershorst – Hochredlau – Wittomin zu besprechen. Gemeinsam beobachteten sie die polnischen Stellungen bei Hochredlau. Sie einigten sich weiter darauf, eine von einem Offizier des Schiffes besetzte Artilleriebeobachtungsstelle einzurichten.

Am 28. August gab Kleikamp einen taktischen Befehl für den kommenden Einsatz der »Schleswig-Holstein«. Er wurde noch am selben Tag von Generaladmiral Albrecht gebilligt. Danach sollte die »Schleswig-Holstein« folgende Aufgaben lösen:

1. Die innerhalb der Reichweite der Artillerie des Schiffes liegenden polnischen Landbatterien sollten niedergekämpft werden, vor allem die 15-cm-Batterien bei Oxhöft und Hochredlau sowie eine 30,5-cm-Batterie, die möglicherweise westlich von Gdingen aufgestellt war oder würde.
2. Beschießung des Kriegshafens Gdingen mit dem Ziel, ihn als Stützpunkt für die polnischen Seestreitkräfte auszuschalten.
3. Bekämpfung der polnischen 15-cm-Batterie auf der Südspitze von Hela durch Störungsfeuer.
4. Bekämpfung der polnischen Seestreitkräfte.
5. Schutz des Hafens von Danzig und Neufahrwasser gegen Angriffe polnischer Seestreitkräfte und Blockadeunternehmen.

Aber es wurde klargestellt: »Die Fortnahme der Westerplatte ist Vorbedingung zur Lösung der Aufgaben . . .«

9. Der Angriff aus deutscher Sicht

Wie Kleikamp und Henningsen sich die Eroberung der Westerplatte dachten, geht aus einem Befehl hervor, der am Nachmittag des 31. August ausgefertigt wurde, nachdem Kleikamp Nachrichten erhalten hatte, die darauf hindeuteten, daß der Angriff auf Polen am nächsten Morgen beginnen sollte[1]. Nach diesem Befehl sollte die Marinestoßtruppkompanie so rechtzeitig ausgeschifft werden, daß sie anderthalb Stunden vor Angriffsbeginn ihre Ausgangsstellung nördlich der Festung Weichselmünde, in Höhe der Möwenschanze, einnehmen konnte. Gleichzeitig sollte ein aus der Besatzung des Schiffes zusammengestellter Maschinengewehrzug ausgeschifft werden, der am Südufer des Hafenkanals, ungefähr in Höhe des ersten Liegeplatzes des Schiffes, Stellung beziehen sollte. Nach Norden anschließend, etwa in Höhe des Lotsenwegs, sollte der Küstenschutz der Danziger Landespolizei zwei Maschinengewehre C/30, im Süden, etwa in Höhe der Fähre zu den Hafenwerkstätten, die Danziger Polizei ein schweres Maschinengewehr einsetzen. Die Danziger Polizei hielt außerdem ein schweres Maschinengewehr am westlichen Molenkopf von Neufahrwasser in Bereitschaft. Kleikamp befahl, es bis zum Ostende der Baracken auf dem nördlichen Freihafengelände zurückzunehmen, damit es nicht in das Feuer des Schiffes geriet. Auch die drei Hafenpolizisten, die nachts vor dem Haupteingang zur Westerplatte patrouillierten, sowie die fünf Wachmänner in den Hafenwerkstätten sollten spätestens eine Stunde vor Angriffsbeginn hinter die Möwenschanze zurückgezogen werden. Für die Durchführung dieser Maßnahmen war Major Winter von der Danziger Polizei verantwortlich. Die »Schleswig-Holstein«, die zunächst nur mit zwei 28-cm- und

[1] Die folgende Darstellung, wenn nicht anders angegeben, nach BA-MA M 887/48503 und 48504: Kriegstagebuch der »Schleswig-Holstein«.

zwei 15-cm-Geschützen sowie mit drei oder vier 2-cm-Flak den südöstlichen Teil der Westerplatte würde beschießen können, sollte kurz vor Angriffsbeginn ablegen, sich der Westerplatte nähern und das Feuer auf einige Punkte der Ziegelmauer eröffnen. Das Schiff sollte so dicht an die Hafenwerkstätten herangehen, daß es mit seiner Artillerie auch die Gebäude auf dem Nordufer des Hafenkanals und im Zentrum der Westerplatte erreichen konnte. Die in Stellung gebrachten Maschinengewehre des Schiffes und der Danziger Polizei sollten ihr Feuer auf die ausgemachten polnischen Beobachtungs- und Maschinengewehrstellungen konzentrieren. Rotes Signal, das zu bestätigen war, bedeutete: »Alle stellen sofort Feuer ein«. Sogleich nach der Feuereinstellung sollte die Stoßtruppkompanie angreifen.
Um 18.35 Uhr lief auf der »Schleswig-Holstein« ein verschlüsselter Funkspruch ein, daß der Angriff auf Polen am 1. September 1939 um 04.45 Uhr beginnen sollte. Zwischen 23.00 und 23.25 Uhr unterrichtete Kleikamp seine Offiziere, u. a. Oberleutnant Henningsen und Leutnant Hartwig, der den aus der Schiffsbesatzung gebildeten Maschinengewehrzug führen sollte. Außerdem wurden Korvettenkapitän Hornack und Major Winter, der die am Angriff beteiligten Danziger Polizeikräfte befehligte, informiert.
Um 23.30 Uhr begann die Ausschiffung der Stoßtruppkompanie und des Maschinengewehrzuges des Schiffes. Die Ausschiffung war um 01.45 Uhr am Morgen des 1. September abgeschlossen. Gleichzeitig machte die »Schleswig-Holstein« klar zum Gefecht. Um 04.30 Uhr wurde an Bord Alarm gegeben, und das Schiff warf los. Um 04.43 Uhr teilte Kleikamp über Lautsprecher mit, das Schiff gehe zum Angriff auf die Westerplatte vor. Um 04.47 Uhr erging der Befehl »Feuer«, und zwischen 04.48 und 04.55 Uhr wurden 8 Granaten 28 cm, 59 Granaten 15 cm und 600 Schuß mit der 2-cm-Flak gegen den südöstlichen Teil der Mauer um die Westerplatte verschossen. Die vor der Mauer liegenden Holzbauten der Hafenwerkstätten wurden getroffen und gingen sofort in Flammen auf. Es entwickelte sich ein sehr starker Brand, weil dort, wie sich später herausstellte, Treibstoff gelagert war.
Gleichzeitig kämmten die in Stellung gebrachten Maschinengewehre den Mauerrand ab. Der von Leutnant Hartwig geführte Maschinengewehrzug hatte dafür folgende Stellungen bezogen:

1. Im Osten, im weißen Silo, mit einem schweren Maschinengewehr 08 und mit einem Maschinengewehr 34.
2. In der Mitte, in einem noch nicht fertiggestellten Neubau ein schweres Maschinengewehr 08 und ein Maschinengewehr 34. Hier kommandierte der Zugführer, der auch Funkverbindung mit dem Schiff hielt.
3. Im Westen, im roten Silo zwei Maschinengewehre 34.

Alle drei Stellungen lagen höher als die polnische Verteidigung. Als Kleikamp sah, daß die Schiffsartillerie zwei bis drei Breschen in die Mauer geschlagen hatte, worum Henningsen gebeten hatte, befahl er, das Feuer einzustellen. Unmittelbar danach, um 04.56 Uhr, griff die Stoßtruppkompanie an.

Henningsen hatte nach der Ausschiffung die Kompanie bei der Zitadelle der Festung Weichselmünde gesammelt. Um 02.00 Uhr besetzte die Kompanie ihre Ausgangsstellung in Höhe der Möwenschanze, 400 m unterhalb der Westerplatte. Zum Verbandplatz wurde das etwa 100 m weiter zurückliegende Strand-Café gewählt.

Zum Angriff traten von rechts nach links an: Der erste Infanteriezug, der Pionierzug und der zweite Infanteriezug. In 100 m Abstand folgte dem ersten Infanteriezug ein schweres Maschinengewehr und dem Pionierzug ein Maschinengewehr C/30. Die Infanteriezüge sollten durch von der Schiffsartillerie geschlagene Breschen, der Pionierzug durch das zu sprengende Eisenbahntor in die Westerplatte eindringen.

Der Angriff erfolgte planmäßig. Der vom Kompaniechef geführte erste Infanteriezug drang etwa 500 m vor, ehe er auf heftigen Widerstand stieß. Der Pionierzug sprengte das Eisenbahntor, vermochte aber nur etwa 25 m Gelände zu gewinnen, bevor er von den Polen zum Stehen gebracht wurde. Das ihm nachgeführte Maschinengewehr C/30 wurde nach vorn befohlen, zog aber sofort das Feuer der Verteidiger auf sich. U. a. setzten die Polen ein 7,5-cm-Geschütz ein. Der zweite Infanteriezug ging links entlang der Mauer vor, wurde aber durch das durch den Artilleriebeschuß entstandene Feuer stark behindert. Nur einer Gruppe gelang es, durch die Mauer auf die Westerplatte einzudringen. Ihr schlug sogleich starkes polnisches Feuer entgegen. Kurz darauf setzten die Polen auch gegen diesen Zug ein 7,5-cm-Geschütz ein. Sowohl der Pionier- als auch der zweite Infanteriezug erlitten hohe Verluste, vor allem an Ver-

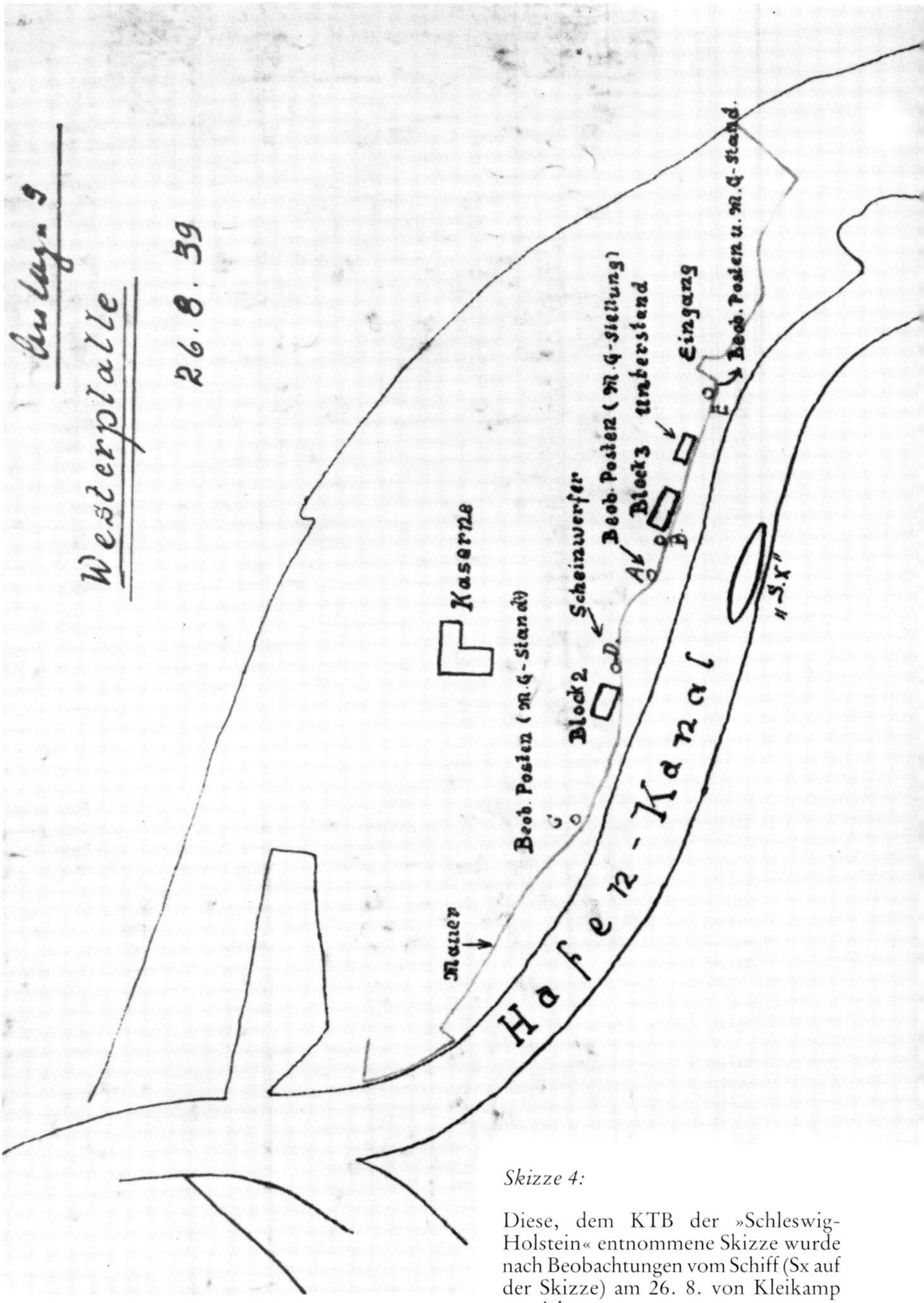

Skizze 4:

Diese, dem KTB der »Schleswig-Holstein« entnommene Skizze wurde nach Beobachtungen vom Schiff (Sx auf der Skizze) am 26. 8. von Kleikamp gezeichnet.

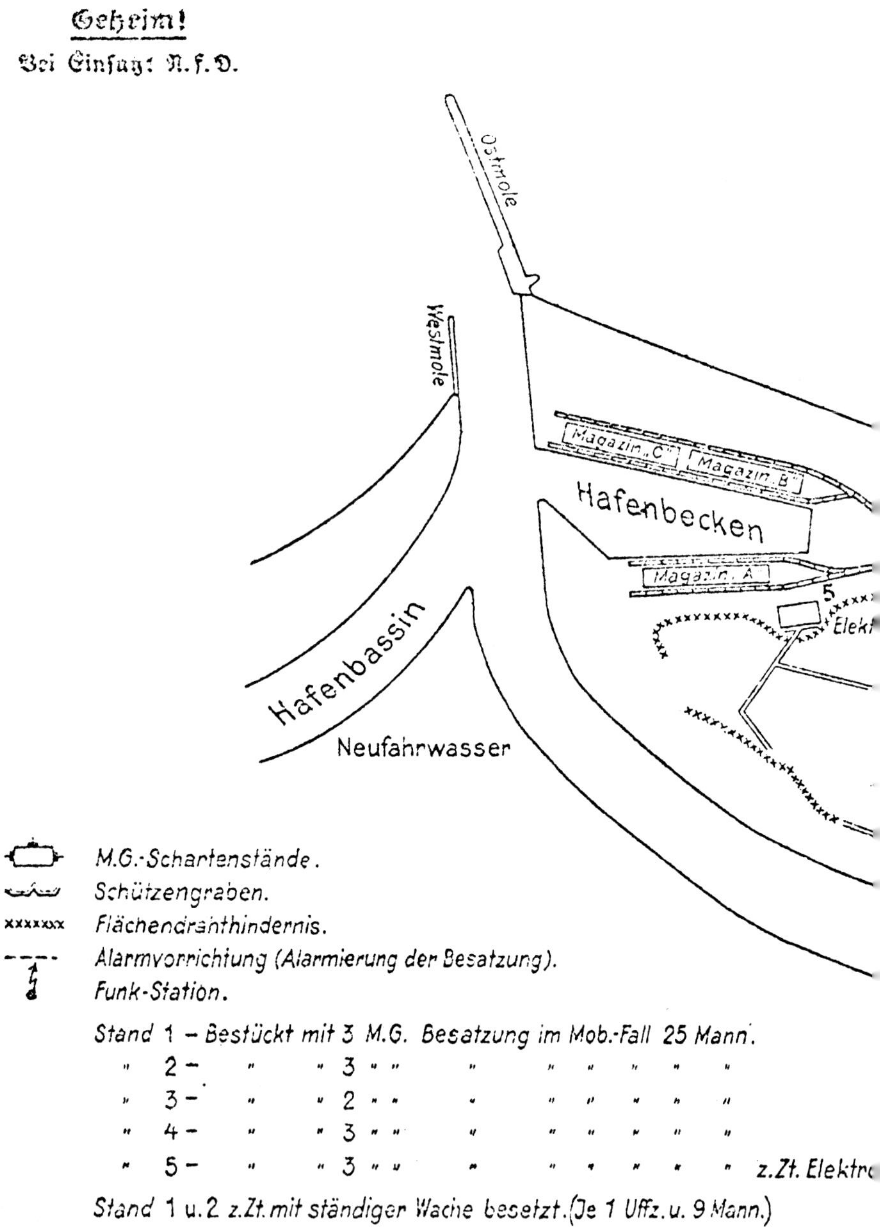

Skizze 5:

Der »Schleswig-Holstein« war das »Handbuch für Admiralstabsoffiziere«, das die der deutschen Marine bis zum 15. 3. 1938 bekannten Feindnachrichten über u. a. die Westerplatte enthielt, nicht mitgegeben worden. Der zur Skizze gehörende Text ist hier mitabgedruckt worden. Die entsprechenden Publikationen der Luftwaffe und des Heeres waren jüngeren Datums, sie waren erst am 1. April bzw. am 15. Juni 1939 abgeschlossen worden.

Befestigungen auf der Westerplatte (Danzig):
Die Westerplatte ist zur Verteidigung eingerichtet. Die 1934/35 gebauten betonierten 4 (5) M.G.-Schartenstände (14 s.M.G. und 7 l.M.G.) beherrschen das ganze Gelände der Westerplatte sowie den Hafenkanal. Die Stände haben eine Größe von etwa 0 × 10 m und eine Eisenbetonstärke von 50 cm.

Anl. 21

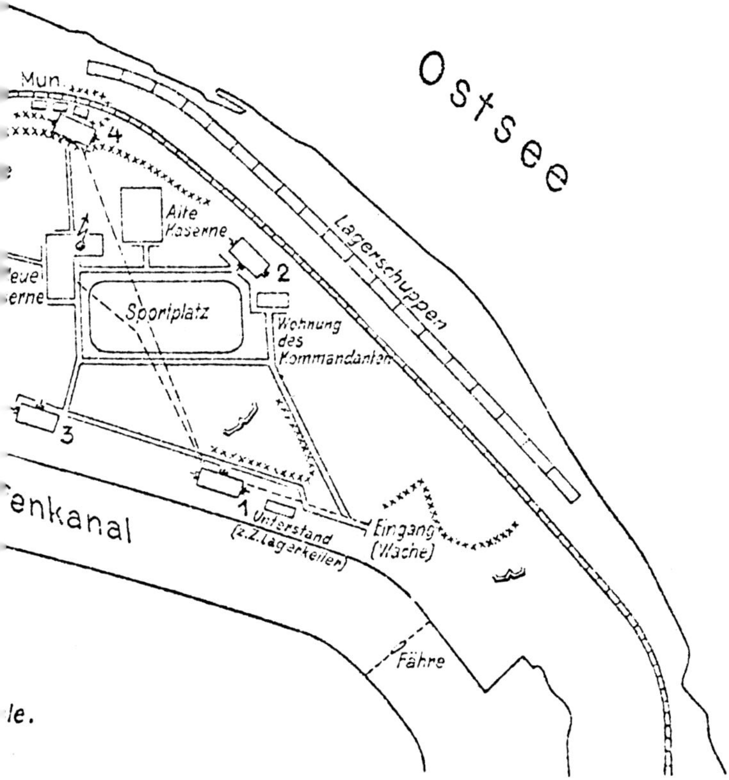

Westerplatte (Danzig) Maßstab 1:10 000

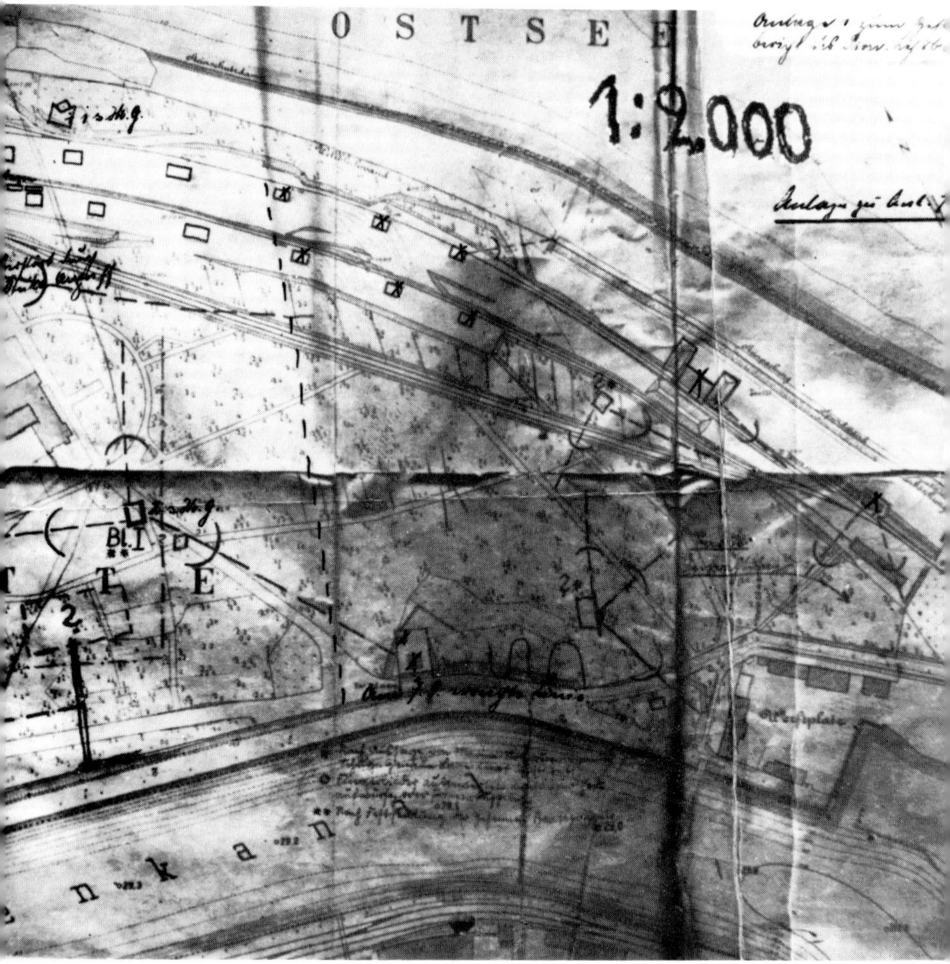

Skizze 9:

Die gewaltsame Aufklärung am 7. September. Fotografische Wiedergabe einer Skizze im Gefechtsbericht des Kommandeurs der Pioniere. Die vertikale, gestrichelte Linie gibt an, wie weit man vorging, bis auf 125 m an die Hauptverteidigungslinie beim Schartenstand (Bl. I) Nr. 1. Das Gebäude links unten ist das Unteroffizierkasino. Die kleinen Kreuze bezeichnen die beim Vorrücken gesprengten Anlagen.

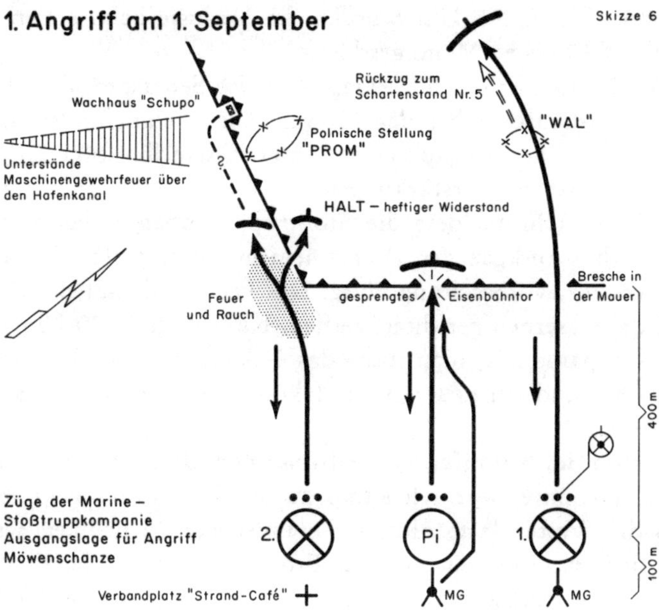

wundeten. Die Stoßtruppkompanie forderte daher um 05.45 Uhr einen weiteren Arzt von der »Schleswig-Holstein« an. Kleikamp schickte sofort einen Arzt und mehrere Sanitäter.

Als der von Hartwig geführte Maschinengewehrzug sah, daß der Angriff der Marinestoßtruppkompanie zum Stehen gekommen war, eröffnete er wieder das Feuer auf die polnischen Stellungen. Die Polen beschossen daraufhin kurz nach 06.00 Uhr erst die linke und dann die rechte Stellung des Zuges mit einem 7,5-cm-Geschütz. Die rechte Gruppe mußte ihre Stellung räumen und eine neue Stellung links vom Kühlhaus, hinter der Brennerei beziehen. Auch die linke Gruppe mußte die Stellung wechseln, ging allerdings nur im selben Gebäude zwei Stockwerke tiefer. Ausfälle traten durch das polnische Feuer nicht ein; nur ein Matrose wurde leicht verletzt.

Um 06.22 Uhr teilte die Kompanie Kleikamp über Funk mit: »Verluste zu groß, gehen zurück«. Der Kommandant bereitete sofort einen neuen Angriff vor. Dies wurde der Kompanie gefunkt, die antwortete, man habe sich noch nicht völlig zurückgezogen. Außerdem forderte sie Tragbahren und Krankenwa-

gen an. (Um 07.48 Uhr wurden die Verluste beim ersten Angriff auf 40 bis 50 Mann geschätzt.)
Gegen 07.00 Uhr sah Kleikamp, daß sich Senatspräsident Greiser in SS-Uniform bei der Möwenschanze eingefunden hatte. Er rief ihn über Megaphon an, unterrichtete ihn kurz über die Lage und bat um Verstärkungen.
Um 07.07 Uhr meldete die Stoßtruppkompanie abermals, sie habe sich zurückgezogen. Vor einem neuen Angriff sei erhebliche Artillerievorbereitung nötig. Das Feuer solle auf die Bäume und die Kasernen gerichtet werden. Kurz nach 07.20 Uhr teilte die Kompanie mit, man suche das Gelände noch nach Verwundeten ab, und ein neuer Angriff könne in einer halben Stunde beginnen.
Während des Kampfes, der teilweise vom Schiff aus beobachtet werden konnte, war Kleikamp zu der Erkenntnis gekommen, daß die Westerplatte nicht im Handstreich zu nehmen sei. Er war jedoch nicht gewillt, den Eroberungsversuch bereits nach dem ersten Rückschlag aufzugeben. Jedoch war er von der Notwendigkeit einer erheblich längeren Artillerievorbereitung als vor dem ersten Angriff überzeugt. Auch der Führer der Marinestoßtruppkompanie war dieser Ansicht. Vor allem um die polnischen Baumschützen auszuschalten, schlug er eine halbstündige Beschießung, dann eine Feuerpause von 15 Minuten und eine erneute Beschießung vor. Kleikamp folgte diesem Vorschlag, ließ von 07.40 bis 08.15 Uhr schießen, legte von 08.15 bis 08.28 Uhr eine Feuerpause ein und ließ zwischen 08.29 und 08.55 Uhr die Westerplatte abermals beschießen. Dafür war das Schiff so gelegt worden, daß es sämtliche Backbordwaffen einsetzen konnte. Es wurden verschossen: 90 Granaten – 28 cm, 407 Granaten – 15 cm, 366 Granaten – 8,8 cm und 3 000 Schuß mit den Flakwaffen. Die Wirkung des Feuers wurde durch den dichten Wald herabgesetzt, in dem die Sprenggranaten vorzeitig explodierten. Kleikamp hoffte jedoch, auch durch Splitter eine gewisse Wirkung zu erzielen.
Während der Beschießung platzte der Verschluß des zweiten Backbord 15-cm-Geschützes, wodurch drei Mann verletzt wurden, zwei von ihnen schwer.
Die Polen erwiderten diesmal das Feuer des Schiffes mit einem 7,5-cm-Geschütz und gefährdeten gegen 07.50 Uhr den für die Artillerieleitung wichtigen Vormarsstand. Kleikamp ließ darauf-

2. Angriff am 1. September

Skizze 7

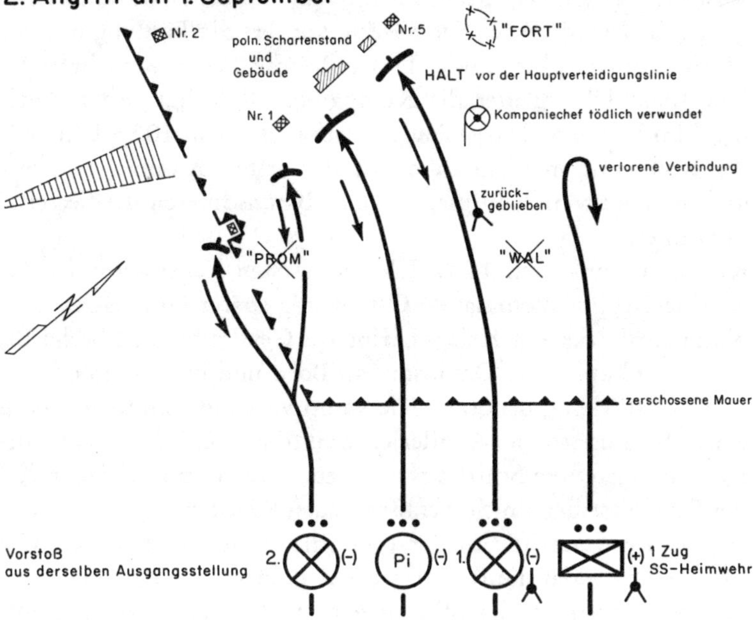

hin die 8,8-cm-Geschütze Sprenggranaten mit Zeitzünder verschießen; die Sprengschrapnells setzten das polnische Geschütz außer Gefecht.

Gleichzeitig mit der »Schleswig-Holstein« eröffneten die an Land in Stellung gebrachten Maschinengewehre des Schiffes und der Danziger Polizei das Feuer auf die Westerplatte.

Um 08.50 Uhr meldete Kleikamp dem Marine-Gruppenkommando Ost, der erste Angriff sei fehlgeschlagen und ein neuer Angriff eingeleitet worden.

Um 08.55 Uhr wurde das Feuer eingestellt, und die inzwischen mit einem Zug SS-Heimwehr mit ungefähr 60 Mann verstärkte Marinestoßtruppkompanie ging langsam vor. Ganz rechts griff der SS-Zug an. Nach links schloß der erste Infanteriezug an. Beiden wurde je ein schweres Maschinengewehr nachgeführt. In der Mitte griff wiederum der nur noch 21 Mann starke Pionierzug an. Ganz links ging wieder der auf 18 Mann dezimierte zweite Infanteriezug vor. Zunächst ist das polnische Abwehrfeuer schwach. Das Vordringen wird durch Stacheldrahthindernisse, Stolperdrähte, Minen und nicht zuletzt durch das durch den Artilleriebeschuß heruntergebrochene Astwerk stark erschwert. Das schwere Maschinengewehr des ersten Infanteriezuges bleibt zurück. Auch der SS-Zug verliert die Fühlung mit der Marinestoßtruppkompanie. Das polnische Feuer wird heftiger. Um 10.08 Uhr meldet die Kompanie: »Pole hat sich anscheinend im Kommandeurgebäude verschanzt.« Um 10.55 Uhr teilt die Kompanie mit, sie habe sich der ersten Kaserne genähert und sei in schwere Kämpfe, u. a. mit Baumschützen der Seeseite, verwickelt.

Kleikamp funkt um 11.17 Uhr den ersten Lagebericht an das Marine-Gruppenkommando Ost. Wenig später kommt der Verbindungsoffizier der Kriegsmarine bei Generalmajor Eberhardt, Korvettenkapitän v. Davidson, an Bord und erkundigt sich, ob man Verstärkung benötige. Kleikamp verlangt mindestens noch einen SS-Zug sowie Artillerie, weil die polnischen Verteidigungsanlagen vom Schiff aus nicht zu sehen seien und daher von der Schiffsartillerie nicht erfaßt werden könnten.

Inzwischen versteift sich der polnische Widerstand weiter. Um 11.40 Uhr meldet die Kompanie, der polnische Widerstand werde immer heftiger, der SS-Zug habe sich zurückgezogen, sämtliche Maschinengewehre der Kompanie seien ausgefallen, die weitere Entwicklung sei ungewiß. Gegen 12.30 Uhr wird Oberleutnant Henningsen schwer verwundet (er starb am nächsten Tag). Oberleutnant Schug übernimmt die Kompanie.

Kurz darauf findet sich Gauleiter Forster an Bord der »Schleswig-Holstein« ein. Kleikamp weist ihn darauf hin, daß Verstärkung nötig sei.

Um 12.30 Uhr wiederholt die Kompanie, daß der polnische Widerstand immer heftiger werde, und fordert unmittelbare Verstärkung an. Kleikamp benachrichtigt sofort die Danziger Polizei. Doch bereits um 12.33 Uhr beobachtet Leutnant Hartwig, daß sich die Marinestoßtruppkompanie zurückzieht. Nach Oberleutnant Schugs späterem Gefechtsbericht hatten die Polen die Kompanie in den Flanken und im Rücken angegriffen. Um nicht eingeschlossen zu werden, hatte er den beschleunigten Rückzug befohlen. Seiner Auffassung nach hatte die polnische Taktik geschickt darauf abgezielt, die Deutschen so weit vordringen zu lassen, daß sie von allen Seiten angegriffen werden konnten.

Um 13.00 Uhr teilt Schug Kleikamp mit: »Einnahme der Westerplatte mit Stoßtrupp unmöglich«.

Kleikamp befahl jetzt der Kompanie, bis auf weiteres zusammen mit einem inzwischen herangeführten und mit drei Pak ausgerüsteten SS-Zug gegen die Westerplatte zu sichern. Dann bereitete er die Einquartierung und Versorgung der Kompanie in Weichselmünde vor und verlangte von der Danziger Polizei, sie abzulösen.

Um 13.52 Uhr meldete Kleikamp dem Marine-Gruppenkommando Ost, daß auch der zweite Angriff fehlgeschlagen war. Gleichzeitig wurde die »Schleswig-Holstein« wieder auf ihren Liegeplatz bei der Festung Weichselmünde verholt.

Am Nachmittag suchte Kleikamp Generalmajor Eberhardt auf, um mit ihm die Lage zu besprechen. Im Gegensatz zu Kleikamp wünschte Eberhardt einen erneuten Angriff der Stoßtruppkompanie am nächsten Tag. Gemeinsam begaben sie sich zur Kompanie, Eberhardt vor allem mit der Absicht, die Soldaten für den Angriff am nächsten Tag aufzumuntern. Kleikamp dagegen hoffte, Eberhardt werde nach diesem Besuch auf einen weiteren Angriff verzichten. Während sie mit der Kompanie sprachen, fand sich ein weiterer Soldat ein, der verwundet worden war und sich bis zur Dämmerung auf der Westerplatte versteckt hatte, ehe er gewagt hatte, zu den deutschen Linien zurückzukehren. Er gab an, die Polen hätten den südöstlichen Teil der Westerplatte noch nicht wieder besetzt. Das taten sie erst am nächsten Morgen gegen 01.45 Uhr, wobei es zum Schußwechsel mit den vor der Westerplatte sichernden Deutschen kam.

Als Eberhardt gegen 19.30 Uhr die Marinestoßtruppkompanie verließ, hatte er immer noch die Absicht, sie wieder angreifen zu lassen, obwohl sie 82 Mann an Toten und Verwundeten verloren hatte und er ihr keine Verstärkung schicken konnte[2].

Am Abend befahl Kleikamp den vom Schiff gestellten Maschinengewehrzug zurück an Bord.

2 Besser als aus dem Kriegstagebuch der »Schleswig-Holstein« gehen die Verluste aus dem Tagebuch des Schiffsarztes Dr. med. habil. Ernst Heinsius hervor. Jedoch läßt das Quellenmaterial keine eindeutige Unterscheidung der Verluste der beiden Angriffe zu. Insgesamt betrugen die Verluste beider Angriffe: 13 Gefallene, 58 Schwerverwundete, 40 Leichtverwundete. Von den Leichtverwundeten galten 29 Mann als kampftauglich, so daß die verbliebene Kampfstärke der Kompanie am Abend des 1. Septembers 143 Mann betrug. Bis zum 1. 10. 1939 starben vier der Schwerverwundeten. Angaben von Kapitän z. S. Dr. P. Heinsius (Hamburg).

Nachdem auch der zweite Angriff mißlungen war, meldete Kleikamp seinem unmittelbaren Vorgesetzten, Generaladmiral Albrecht, die Schiffsartillerie könne die polnischen Bunker nicht direkt beschießen und daher keine Wirkung gegen sie erzielen. Bombenangriffe seien nötig, um die polnischen Bunker zu erschüttern. Albrecht bereitete auch für etwa 17.15 Uhr am selben Abend einen Bombenangriff durch zwei Marinefliegergruppen vor. Doch der Angriff wurde eingestellt, da Eberhardt Luftunterstützung an anderer Stelle für erforderlicher hielt.
Während des Nachmittags hatte die Nachricht von den fehlgeschlagenen Angriffen auch Berlin erreicht. Zuerst scheint Hermann Göring reagiert zu haben. In seiner Eigenschaft als Oberbefehlshaber der Luftwaffe befahl er dem Befehlshaber der deutschen Luftstreitkräfte in Ostpreußen, General Kesselring, der sein Hauptquartier in Königsberg hatte, im Einvernehmen mit dem Marine-Gruppenkommando Ost die polnischen Stellungen auf der Westerplatte aus der Luft anzugreifen.
Kesselring setzte sich mit Albrecht in Verbindung. Sie einigten sich darauf, am 2. September kurz nach 10.00 Uhr mit 60 bis 70 Flugzeugen einen Stuka-Angriff gegen die Westerplatte durchzuführen. Sofort nach dem Bombenangriff sollte die Marinestoßtruppkompanie angreifen. Sie wiesen den Vorschlag des OKM zurück, erst einen Stuka-Angriff fliegen, dann die »Schleswig-Holstein« schießen und schließlich die Marinestoßtruppkompanie angreifen zu lassen. Die Zeit zwischen dem Stuka-Angriff und dem Artilleriebeschuß des Schiffes würde den Polen eine unnötige Atempause gewähren. Sie verwarfen ebenfalls Kleikamps Vorschlag, die Westerplatte am 2. September bereits ab 04.45 Uhr bombardieren zu lassen, und zwar von Marinefliegern und von Stukas. Nach den Bombenangriffen sollte die Marinestoßtruppkompanie angreifen. Albrecht und Kesselring rechneten mit Morgennebel über dem Zielgebiet und wollten die Luftwaffe nicht vor 10.00 Uhr einsetzen.
Um 01.30 Uhr am Morgen des 2. September befahl jedoch das OKM Albrecht, den geplanten Angriff einzustellen. Die Seekriegsleitung teilte weiter mit, das OKW habe die Heeresgruppe Nord mit der Führung der weiteren Operationen gegen die Westerplatte beauftragt, und der nächste Angriff werde voraussichtlich um einen Tag verschoben werden.
 Während der Nacht kam das OKM zu der Auffassung, die Po-

len hätten mindestens 20 moderne, durch unterirdische Stollen verbundene Bunker auf der Westerplatte. Außerdem verfügten sie über viele Maschinengewehre und über mindestens ein 8,8-cm-Geschütz. Wie das OKM zu dieser, Albrecht am 2. September gegen 07.00 Uhr mitgeteilten Auffassung gelangt war, ist nicht ersichtlich.

Die Nachricht von den modernen polnischen Bunkern auf der Westerplatte erreichte auch die Heeresgruppe Nord. Dort empfing man um 08.50 Uhr den Befehl, die weiteren Operationen gegen die dortigen polnischen Stellungen zu leiten. Der Oberbefehlshaber der Heeresgruppe Nord, Generaloberst v. Bock, war der Ansicht, ein Angriff müsse sorgfältig vorbereitet werden, eile aber vor allem nicht. Dies wurde auch Albrecht um 09.30 Uhr mitgeteilt. Dieser meinte ebenfalls, ein Angriff sei sorgfältig vorzubereiten, doch hob er hervor, nach Ansicht der Marine müsse die Westerplatte so schnell wie möglich genommen werden, einmal um die »Schleswig-Holstein« für ihre eigentliche Aufgabe, den Heeresverbänden Artillerieunterstützung zu geben, frei zu bekommen, zum anderen, um den Danziger Hafen für Nachschubtransporte ausnutzen zu können. Die Marine erwartete, das Heer werde derartige Transporte verlangen. Da es den Polen gelungen war, die Weichselbrücke bei Dirschau[3] teilweise zu zerstören, ging die Marine davon aus, ein Teil des Nachschubs müsse nun statt auf dem Land- auf dem Seewege transportiert werden.

Um die Mittagszeit des 2. September befahl Hitler, mit Rücksicht auf den Propagandaeffekt die Westerplatte noch am selben Tag zu nehmen. Dieser Befehl erreichte Generaloberst v. Bock erst auf Umwegen. Um 12.45 Uhr rief Kesselring an, der seinerseits durch das Oberkommando der Luftwaffe (OKL) von Hitlers Befehl unterrichtet worden war. Bock setzte sich sofort mit dem Oberkommando des Heeres (OKH) und dessen Chef des Generalstabs, General der Artillerie Halder, in Verbindung. Hitlers Befehl wurde ihm bestätigt. Bock wies darauf hin, daß es kaum möglich sei, noch am selben Tag anzugreifen. Auf jeden Fall müsse er erst mit Generalmajor Eberhardt sprechen, der zur Zeit nicht erreichbar sei.

Um 13.35 Uhr telefonierte Bock mit Eberhardts Stab und hin-

3 Schindler, S. 101 ff.

terließ Befehl für Eberhardt, der sich in Dirschau befand, den Angriff gegen die Westerplatte zu führen und ihn nach seiner Rückkehr anzurufen. Eberhardt rief um 14.00 Uhr an und teilte mit, es sei schon rein zeitlich unmöglich, noch am selben Tag anzugreifen. Auch glaube er nicht, ein Stuka-Angriff allein werde den polnischen Widerstand brechen. Mörser, Flammenwerfer und Pioniere müßten eingesetzt werden. Außerdem müsse die in der Nähe der Westerplatte wohnende Bevölkerung evakuiert werden, wodurch die Polen gewarnt würden.

Bock meldete Halder sofort Eberhardts Lagebeurteilung und verlangte, der Angriff solle zumindest bis zum 3. September verschoben werden. Halder entgegnete, er werde zurückrufen, nachdem er dem Oberbefehlshaber des Heeres, Generaloberst v. Brauchitsch, Vortrag gehalten habe. Ehe es dazu kam, rief jedoch Bock abermals an und teilte mit, Eberhardt fehle es an schwerer Artillerie und an Infanteriegeschützen. Halder konnte ihm jetzt den Bescheid geben, der Angriff sei auf den Morgen des 3. September verschoben worden, man erwarte allerdings noch die endgültige Entscheidung Hitlers.

Um 15.13 Uhr teilte Halder Bock mit, der Angriff solle durchgeführt werden, sobald man eines Erfolges sicher sein könne, aber es solle alles getan werden, sobald wie möglich anzugreifen. Er kündigte außerdem Verstärkungen an.

Wahrscheinlich bezog sich Halder auf einen Befehl, den das OKH um 15.00 Uhr dem Pionierlehrbataillon in Roßlau bei Dessau gegeben hatte. Danach sollte das Bataillon mit Teilen des Stabes und einer Kompanie um 17.00 Uhr für den Einsatz auf der Westerplatte abmarschbereit sein. Der Mobilmachung und anderer Kommandierungen wegen war bei dem Pionierlehrbataillon keine geschlossene Kompanie mehr vorhanden. Aus dem Personal der drei ersten Kompanien wurde daher eine neue Kompanie aufgestellt. Diese, von Oberstleutnant Henke geführte Kompanie wurde mit 20 Maschinen des Typs Ju 52 von Dessau nach Königsberg geflogen. Von dort wurde sie auf Lastkraftwagen der Luftwaffe nach Weichselmünde transportiert, wo sie gegen Mitternacht eintraf.

Um 15.15 Uhr am 2. September befahl Bock Eberhardt, den Angriff für den Morgen des 3. September vorzubereiten. Doch verlangte er gleichzeitig, Eberhardt, der sich zur Zeit nicht bei seinem Stab befand, solle ihm melden, wann seiner Meinung nach frühestens ein Angriff mit Aussicht auf Erfolg durchgeführt werden könne.

Eberhardt meldete um 16.20 Uhr, seiner Ansicht nach sollte der Angriff nicht vor dem 4. September durchgeführt werden, da 48 Stunden für die Planung nötig seien. Diese Auffassung gab Bock um 18.25 Uhr an das OKH weiter. Zehn Minuten später rief das OKH zurück und teilte ihm die Entscheidung des Oberbefehlshabers des Heeres mit, der zufolge am 4. September angegriffen werden solle.

Am Morgen des 2. September war die »Schleswig-Holstein« auf einen neuen Liegeplatz auf der Ostseite des Hafens, gegenüber dem Weichselbahnhof, verholt worden, um den Gdingen angreifenden Danziger Verbänden Artillerieunterstützung geben zu können.

Am Nachmittag bat Eberhardt Kleikamp um ein Treffen für 17.00 Uhr auf dem Flugplatz Danzig-Langfuhr, um die weiteren Operationen gegen die Westerplatte zu besprechen. Bei dieser Zusammenkunft unterrichtete er Kleikamp davon, daß eine Kompanie besonders ausgebildeter Pioniere für den Einsatz auf der Westerplatte herangeführt werde. Auch teilte er mit, die Westerplatte werde gegen 18.00 Uhr von Stukas bombardiert werden.

Dieser Stuka-Angriff wurde zwischen 18.05 und 18.45 Uhr geflogen[4]. Die zweite und dritte Gruppe des Sturzkampfgeschwaders Immelmann 2 griffen mit etwa 60 Flugzeugen an. Die zweite Gruppe griff den Westteil der Westerplatte sowie die auf der Nordwestseite gelegenen Bunker, die dritte Gruppe die Bunker auf der Nordostseite, die Villa des Kommandanten und die Kasernen an. Insgesamt dürften ungefähr 8 500-kg-, 50 250-kg- und 100 100-kg-Sprengbomben abgeworfen worden sein. Außerdem wurden die polnischen Stellungen mit Bordwaf-

[4] Die Schilderung des Stuka-Angriffs stützt sich außer auf das Kriegstagebuch der »Schleswig-Holstein« vor allem auf BA-MA RL 10/338: Kriegstagebuch der III./Stuka Immelmann 2. Die Angaben über die Zahl der insgesamt eingesetzten Flugzeuge sowie über die Zahl und Art der geworfenen Bomben ist etwas unsicher, da das Kriegstagebuch der zweiten Gruppe nicht überliefert ist. Auch das Kriegstagebuch der Luftflotte 1, dem das Geschwader unterstand, ist nicht überliefert. Es ist daher möglich, daß, wie die polnischen Quellen und M. Dv. 601/11, S. 20, behaupten, auch Brandbomben geworfen wurden.

Artillerie- und Luftwaffeneinsatz

Skizze 8

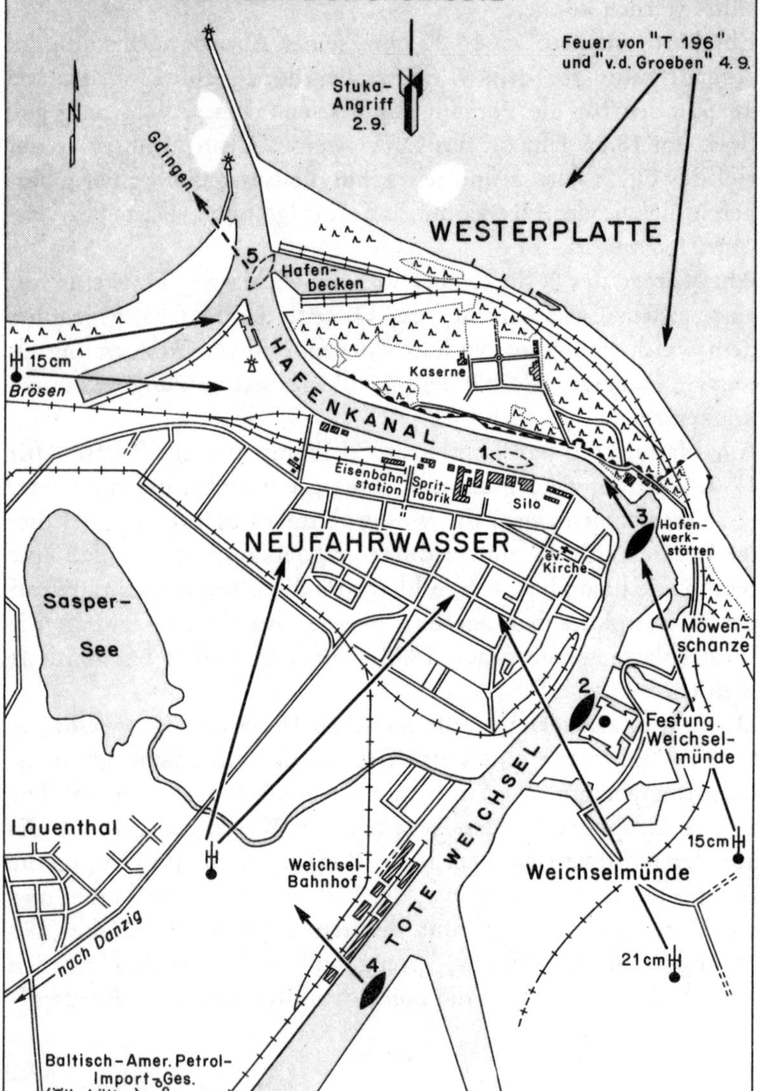

Positionen der "Schleswig-Holstein"

1 Liegeplatz 25.–26. 8.
2 Ausgangslage 26. 8.
3 Feuer auf die Westerplatte 1. 9. und 7. 9.
4 Feuer Richtung Gdingen 2. 9., 4. 9. und 5. 9.
5 vorgeschobene Feuerstellung seit dem 7. 9.

Quellen: KTB "Schleswig-Holstein", Flisowski, Kartenbeilage, und Witkowski

fen beschossen. Von der »Schleswig-Holstein« beobachtete man Detonations- und Staubwolken, aber nur einmal das Hochfliegen von Mauerteilen. Die Polen beschossen die angreifenden Flugzeuge sofort mit Maschinengewehren, ohne ihnen jedoch Verluste zuzufügen.

Auch während der Nacht vom 2. auf den 3. September kam es zum Schußwechsel zwischen den Polen auf der Westerplatte und den davor in Stellung liegenden Deutschen.

Am Morgen des 3. September besprachen Eberhardt, Kleikamp, Krappe, Henke, Davidson, Schug und einige weitere Offiziere zwischen 08.15 und 10.30 Uhr an Bord der »Schleswig-Holstein« einen neuen Angriff. Oberst Krappe, der zwei Bataillone seines Polizeiregiments bereitgestellt hatte, sollte den Angriff leiten. Außerdem sollten die mit 45 Mann der Besatzung der »Schleswig-Holstein« sowie mit vier (von der Flugabwehr- und Küstenartillerie-Schule in Swinemünde übernommenen) Maschinengewehren verstärkte Marinestoßtruppkompanie, ferner eine Haubitzabteilung und die Pionierkompanie am Angriff teilnehmen. Henke, der sich eingehend von Schug unterrichten ließ, riet jedoch von einem Angriff ab. Zunächst müsse man weiter aufklären, um sich ein besseres Bild von den polnischen Verteidigungsanlagen zu verschaffen. Er hielt die Anlagen für sehr modern, u. a. seien die Bunker wohl durch unterirdische Gänge miteinander verbunden. Seiner Beurteilung nach benötige man 21-cm-Mörser und schwere Panzer, um die polnische Verteidigung aufzubrechen. Auch sollten Sturmboote für die Pioniere herangeschafft werden, damit man an mehreren Stellen und nicht nur über die schmale Landzunge vorgehen könne.

Eberhardt meldete der Heeresgruppe Nord bereits um 09.55 Uhr Henkes Auffassung. Bock hielt zwar vorläufig noch an seinem Entschluß fest, den Angriff am 4. September durchzuführen, setzte sich aber mit dem OKH in Verbindung, um eine neue Entscheidung zu erwirken. In einem Telefongespräch mit Brauchitsch betonte Bock offenbar sehr die Bedenken Eberhardts und verwies auf dessen schriftlichen Bericht. Bocks Argumente beeindruckten offensichtlich in Berlin. Jedenfalls teilte das OKH ihm um 12.10 Uhr mit: »Auf Befehl des Führers soll Unternehmen Westerplatte nicht stattfinden.« Hitler hatte der Ansicht zugestimmt, der Angriff solle nicht überstürzt, sondern erst durchgeführt werden, wenn der örtliche Befehlshaber die Zeit dazu für reif hielt.

Kleikamp, der glaubte, Henke überschätze die Stärke der polnischen Befestigungen, erfuhr um 15.30 Uhr von diesem neuen Entschluß. Er befand sich schon seit 14.00 Uhr mit Oberst Krappe, Oberstleutnant Henke, seinem Artillerieoffizier Fregattenkapitän Zaubzer und Oberleutnant Schug im Weichselmünder Schulhaus zu einer neuen Besprechung des für den folgenden Tag vorgesehenen Angriffs. Daß der Angriff aufgeschoben wurde, schrieb Kleikamp der Tatsache zu, daß Henkes Fachwissen Eberhardt beeindruckt hatte, wofür er dankbar war. Seiner Auffassung nach war es zu begrüßen, daß endlich sachliche militärische Gründe und nicht politische Rücksichten ausschlaggebend waren. Kleikamp nahm an, daß Gauleiter Forster mit Hilfe seiner Beziehungen in Berlin versucht hatte, den Angriff zu beschleunigen[5].

Am Abend des 3. September bat der Führer der Minensuchboote Ost, Kapitän z. S. Friedrich Ruge, über Funk um Unterrichtung über die Lage an Land sowie über einige Navigations- und Anlegemöglichkeiten. Kleikamp schickte seinen Navigationsoffizier, Korvettenkapitän Gruber, an Bord von Ruges Führerboot, dem alten Torpedoboot »T 196«. Ruge fragte Gruber, ob seine Boote die Westerplatte beschießen könnten. Gruber bejahte die Frage, unterrichtete aber Kleikamp nicht darüber. Zu dessen Überraschung eröffnete »T 196« am Morgen des 4. September das Feuer auf die Westerplatte, als sie sich dieser gegen 07.00 Uhr näherte.

Ruge befahl »T 196« und dem Begleitboot der 3. Minenräumflottille »von der Groeben«, gegen die Westerplatte vorzugehen. Aus 2 800 m Entfernung feuerte »T 196« zwischen 07.00 und 07.12 Uhr sowie zwischen 09.45 und 09.50 Uhr insgesamt 65 Granaten mit ihrem 10,5-cm-Geschütz gegen die Munitionsschuppen auf der Seeseite sowie gegen Wachhäuser, Zaun und

[5] Die Darstellung der deutschen Überlegungen und Maßnahmen vom 1. bis zum 3. September außer nach dem Kriegstagebuch der »Schleswig-Holstein« auch nach BA-MA RH 19 II/3: Kriegstagebuch der Heeresgruppe Nord. M 521/38643: Kriegstagebuch des Marine-Gruppenkommandos Ost. M 1274: Kriegstagebuch des Führers der Luft Ost. RL 10/338: Kriegstagebuch der III./Stuka Immelmann 2. RM 118/28: Kriegstagebuch der Küstenfliegergruppe 306. RM 118/135: Kriegstagebuch der Küstenfliegergruppe 506. Halder, S. 50 ff.

Mauer auf der Ostseite der Westerplatte. An Bord von »T 196« meinte man, gute Wirkung gegen Wachhäuser und Schuppen beobachten zu können. Aber weil die Munitionsschuppen nicht explodierten, hielt man sie für leer.
»Von der Groeben« hatte Befehl, das Feuer auf bewegliche Ziele auf der Westerplatte zu eröffnen, falls sie beschossen würde. Gegen 09.50 Uhr wurde sie von den Polen mit Maschinengewehren beschossen. Sie erwiderte um 09.53 Uhr aus 3 500 m Entfernung mit 7 Granaten ihres 10,5-cm-Geschützes. Ab 10.00 Uhr verschoß sie nochmals 6 Granaten. Weder auf »T 196« noch auf »von der Groeben« konnte man eine Wirkung dieses Feuers beobachten.
Von der »Schleswig-Holstein« aus konnte man keinerlei Wirkung der Beschießung durch beide Boote beobachten. Dagegen sah man eine der Granaten in Danzig-Lauenthal zwischen den Ölzisternen einschlagen, wo sie jedoch nicht explodierte. Die Danziger Polizei meldete drei weitere Einschläge im Hafenkanal. Kleikamp forderte zunächst Ruge auf, vorsichtiger zu sein, und erwirkte außerdem einen Befehl des Marine-Gruppenkommandos Ost, der derartige Beschießungen verbot[6].
Früh am Morgen des 5. September teilte Eberhardt mit, daß eine Haubitzbatterie gegen die Westerplatte eingesetzt werden solle und zwar besonders gegen den Bunker in der Mitte der Südseite, die Kasernen und das Elektrizitätswerk. Die Beschießung fand zwischen 09.00 und 10.45 Uhr statt, doch konnte von der »Schleswig-Holstein« aus keine Wirkung beobachtet werden.
Am 5. September gab die »Schleswig-Holstein« den Danziger Verbänden wiederum Artillerieunterstützung.
Am Nachmittag desselben Tages wurden die Gefallenen der Marinestoßtruppkompanie sowie ein Mann der Schiffsbesatzung, der seinen Verletzungen erlegen war – das Verschlußstück des 15-cm-Geschützes war geplatzt –, beigesetzt.
Am Abend teilte Henke mit, er werde am nächsten Morgen, dem 6. September, um 03.00 Uhr versuchen, den Wald auf der Westerplatte anzuzünden, indem er einen mit Benzol gefüllten

6 Die Darstellung dieser Beschießung außer nach dem Kriegstagebuch der »Schleswig-Holstein« auch nach BA-MA III M 205/1: Kriegstagebuch des Führers der Minensuchboote Ost. M 589: Kriegstagebuch der »von der Groeben«. M 957: Kriegstagebuch »T 196«.

Eisenbahnwaggon würde einschieben lassen. Das mißlang jedoch, da der nervöse Lokomotivführer den Waggon zu früh abkoppelte. Die deutschen Pioniere mußten sich schleunigst zurückziehen, um nicht in Gefahr zu geraten. Auch die Versuche der Pioniere, den Wald mit Flammenwerfern anzustecken, schlugen fehl. Doch sprengten sie den Lokomotivschuppen und das Bahnwärterhaus auf der Westerplatte.

An diesem Tag beschoß die SS-Heimwehr die Westerplatte von 09.00 bis 11.00 Uhr mit Minenwerfern. Am Nachmittag beschoß sie das sogenannte Munitionsbecken mit Infanteriegeschützen. Die Magazine wurden getroffen, doch traten keine Explosionen ein, da sie, wie sich später herausstellte, leer waren. Um 15.45 Uhr wurde ein neuer Versuch unternommen, mit zwei mit Benzol gefüllten Eisenbahnwaggons den Wald anzuzünden. Diesmal gelangten die Waggons an die vorgesehene Stelle, doch der sich zunächst stark entwickelnde Brand erlosch nach etwa 15 Minuten.

Später am Nachmittag erwogen Henke und Kleikamp, vielleicht am folgenden Tag eine gewaltsame Aufklärung gegen die im Südosten der Westerplatte gelegene Anhöhe durchzuführen. Sie verhörten auch zwei Personen, die behaupteten, Ortskenntnisse über die Westerplatte zu besitzen. Doch bezweifelte Kleikamp ihre Angaben. Dagegen glaubte er den Informationen, die er gegen 19.00 Uhr, als Henke bereits das Schiff verlassen hatte, von einem Polen namens Sikorski erhielt. Ihn hatte die Gestapo vorgeführt und angegeben, er sei ehemaliger polnischer Oberbootsmann und seit 1934 deutscher Agent. Nach Sikorski gab es auf der Westerplatte außer den Maschinengewehrstellungen keine unterirdischen Verteidigungsanlagen. Außerdem sei die Westerplatte stark verdrahtet.

Um 21.00 Uhr setzte sich Kleikamp mit Henke in Verbindung und fragte an, ob die gewaltsame Aufklärung stattfinden und die »Schleswig-Holstein« dabei mitwirken solle. Henke, der die Mitwirkung des Schiffes wünschte, hatte aber noch keine Entscheidung getroffen. Wegen eines Versehens bei den Pionieren und der Nervosität der Funkmelder an Bord wurde Kleikamp auch erst um 03.00 Uhr am Morgen des 7. September benachrichtigt. Doch hatte er schon um Mitternacht erfahren, daß die Marinestoßtruppkompanie für 03.00 Uhr in ihre Ausgangsstellung befohlen worden war. Daher hielt er das Schiff für den

Einsatz bereit und schiffte auch wieder den Maschinengewehrzug aus, der dieselben Stellungen wie am 1. September bezog. Um 03.57 Uhr wird auf der »Schleswig-Holstein« Alarm gegeben. Um 04.05 Uhr verläßt das Schiff seinen Liegeplatz und nähert sich der Westerplatte. Um 04.26 Uhr wird mit den 15-cm-Geschützen und Flakwaffen das Feuer eröffnet. Nach und nach wird das Feuer gegen die Mitte der Westerplatte verlegt. Gleichzeitig eröffnen die an Land in Stellung gegangenen Maschinengewehre des Schiffes und zwei Maschinengewehre des Küstenschutzes das Feuer. Um 05.00 Uhr wird das Feuer eingestellt, um die Truppe zur Aufklärung vorgehen zu lassen. Auf Aufforderung Henkes legt die »Schleswig-Holstein« ab 05.25 Uhr mit den 8,8-cm-Geschützen Sperrfeuer auf den westlichen Teil der Westerplatte. Ab 05.50 Uhr nehmen die 15-cm- und 8,8-cm-Geschütze einen mit Erde beworfenen Unterstand und ein Wachhaus unter Beschuß. Letzteres wird auch mit einem 28-cm-Geschütz beschossen und getroffen. Um 06.20 Uhr wird das Feuer eingestellt. Um 07.10 Uhr eröffnen die Flakwaffen das Feuer gegen die Baumkronen, um eventuell dort befindliche Verteidiger niederzuhalten. Nach vier Minuten wird das Feuer eingestellt. Da Henke bestätigt, daß der Einsatz des Schiffes nicht länger erforderlich sei, wird es auf seinen Liegeplatz verholt.

Insgesamt wurden während dieses Einsatzes verschossen:

5	Granaten – 28 cm
6	Granaten – 15 cm
197	Granaten – 8,8 cm
2400	Schuß mit den Flakwaffen

Inzwischen wurde die gewaltsame Aufklärung durchgeführt. Dafür standen außer der Pionier- und der Marinestoßtruppkompanie auch ein Minenwerferzug mit zwei Minenwerfern und zwei Infanteriegeschützen sowie ein Pakzug der SS-Heimwehr und drei Züge Danziger Polizei zur Verfügung. Man ging in drei Wellen vor: Die erste Welle bestand aus zwei Pionierzügen, die zweite Welle aus einem Pionierzug (rechts) und einem Zug der Marinestoßtruppkompanie (links), die dritte Welle aus zwei Zügen der Marinestoßtruppkompanie. Um 07.15 Uhr wurde die Truppe planmäßig zurückgenommen. Nur drei Pioniere wurden bei diesem Einsatz verwundet. Das Ergebnis der Aufklärung zeigt Skizze 9 nach S. 80.

Während der gewaltsamen Aufklärung bewachte auf Ruges Befehl das Minensuchboot »M 1« von See her die Westerplatte, um polnische Fluchtversuche in diese Richtung zu vereiteln[7].
Gegen 08.30 Uhr suchte Kleikamp Henke auf, dessen Pioniere wieder versuchten, den Wald anzuzünden. Diesmal spritzten sie mit einer Motorpumpe aus zwei Eisenbahnwaggons Petroleum auf die Bäume und zündeten sie an. Das Feuer erlosch jedoch nach etwa einer Stunde. Kleikamp blieb bis gegen 09.15 Uhr und hörte sich die Meldungen der Pioniere an. Dann begab er sich zur Marinestoßtruppkompanie, die in ihre Quartiere nach Weichselmünde zurückgeführt worden war. Dort erreichte ihn gegen 09.45 Uhr die Nachricht, auf der Westerplatte würden weiße Flaggen gezeigt. Vom Turm der Festung Weichselmünde aus konnten Kleikamp und der Kompanieführer auf dem mit Erde überworfenen Unterstand eine weiße Flagge sehen.
Kleikamp begab sich in die vorderste deutsche Linie, wo er mit Henke zusammentraf. Sie einigten sich, Henke solle die mit der Kapitulation zusammenhängenden Formalitäten erledigen. Gleichzeitig wurde die Marinestoßtruppkompanie alarmiert und herangeführt. Auch die bereits nach Danzig abtransportierten Pioniere wurden zurückbefohlen.
Gegen 10.30 Uhr erschienen die ersten polnischen Soldaten, geführt von einem Offizier. Sie wurden zu den deutschen Linien bei der Möwenschanze verwiesen, wo sie etwa eine halbe Stunde später eintrafen. Es stellte sich heraus, daß es sich bei dem Offizier um den polnischen Kommandanten, Major Sucharski, handelte, der nun förmlich vor Henke und Kleikamp kapitulierte. Auf sie machte Sucharski einen sehr mitgenommenen Eindruck. Die Ausrüstung der polnischen Soldaten war zerschlissen. Die Soldaten wirkten apathisch und schienen demoralisiert zu sein.
Bei dem anschließenden, von Henke geführten Verhör gab Sucharski an, die Besatzung sei durch die letzte Beschießung mit schwerer Schiffsartillerie demoralisiert worden. Bereits die Beschießung am 1. September und der Stuka-Angriff am 2. September hätten die Soldaten sehr mitgenommen. Seit dem 1. September habe man nicht mehr abgekocht, um nicht durch den Rauch die Aufenthaltsplätze der Besatzung zu verraten. Bei

[7] BA-MA III M 205/1: Kriegstagebuch des Führers der Minensuchboote Ost, 6. 9. 1939.

dem Stuka-Angriff sei die Funkstation zerstört worden, weshalb er seit dem 2. September keine Verbindung mehr mit seinen Vorgesetzten oder mit anderen polnischen Einheiten gehabt habe. Schließlich seien alle Telefonverbindungen der polnischen Stellungen untereinander zerstört worden, so daß er während des letzten Gefechts keine Verbindung mit seiner Truppe hatte.
Gegen 11.20 Uhr trafen die übrigen polnischen Verteidiger ein, die von einer Abteilung des Danziger Küstenschutzes unter Hornacks Befehl gefangengenommen worden waren.
Um 11.33 Uhr meldete Kleikamp dem Marine-Gruppenkommando Ost, daß sich die Westerplatte ergeben hatte.
Über die Zahl der gefangengenommenen Polen liegen unterschiedliche deutsche Angaben vor. Am 7. September trug Kleikamp im Kriegstagebuch ein, es seien 5 Offiziere, 27 Unteroffiziere, 158 Mannschaften und 9 Verwundete. Die Zahl der gefallenen Polen bezifferte er auf 15 bis 20. Henke gibt in seinem auf denselben Tag datierten Gefechtsbericht ihre Zahl mit 5 Offizieren, davon ein verwundeter, 28 Unteroffizieren sowie 158 Mannschaften und Zivilisten, davon 7 verwundete, an. Am nächsten Tag teilte Kleikamp dem Marine-Gruppenkommando Ost mit, die Stärke der polnischen Besatzung habe, vorausgesetzt, man finde nicht weitere Gefallene, 6 Offiziere und 206 Unteroffiziere und Mannschaften betragen.
Folgende Waffen fielen den Deutschen in die Hände:

17 Maschinengewehre
16 leichte Maschinengewehre
150 Gewehre
2 3,7-cm-Pak
1 7,5-cm-Geschütz (beschädigt).

Außerdem fanden die Deutschen in einem Geheimschrank unter für sie wertlosen Karten und Papieren das polnische Flotten-Signal- und Funkspruchbuch.
Am Nachmittag des 7. September besichtigten Henke und Kleikamp die polnischen Stellungen. Danach schrieben sie im Gefechtsbericht bzw. im Kriegstagebuch, ein weniger demoralisierter Gegner hätte länger aushalten können. Zumindest in Henkes Fall mag diese Ansicht jedoch durch seine am 3. September vertretene übertriebene Auffassung von der Stärke der polnischen Verteidigung beeinflußt sein.
Die Polen auf der Westerplatte hatten Befehl, den Deutschen

12 Stunden Widerstand zu leisten[8]. Ihr siebentägiger Widerstand, auch wenn er durch mangelhafte deutsche Planung erleichtert wurde, hinderte die »Schleswig-Holstein«, die Artillerieunterstützung zu geben, für die sie entsandt worden war und welche die Danziger Verbände in diesen Tagen immer wieder forderten.

8 Bachmann, Kampf um Hela, S. 284.

10. Die Verteidigung aus polnischer Sicht

Nach den polnischen Quellen, auf die sich die polnische Forschung fast ausschließlich stützt, liefen die Kämpfe wie folgt ab.
Der Kommandant der Westerplatte fand die Ankunft des Linienschiffes »Schleswig-Holstein« um 09.00 Uhr am 25. August im Hafenkanal sehr beunruhigend, auch wenn es offiziell nur einen Höflichkeitsbesuch abstattete. Das schwerbewaffnete Schiff machte am Kai des Hafenkanals, gegenüber der Westerplatte, fest. Der Abstand vom Schiff bis zum Wachhaus Nr. 2 betrug nur 150 m. Nach polnischer Auffassung konnte man von den Aufbauten und besonders von den Masten ungehindert die Kaserne und die Verteidigungsanlagen einsehen[1].
Dadurch wurden die noch anstehenden Verstärkungsarbeiten erschwert oder unmöglich. Sie mußten mit größter Vorsicht nachts ausgeführt werden. Die Anwesenheit der »Schleswig-Holstein« zwang auch dazu, die Alarmstufe zu erhöhen. Zwar wurde das Schiff am Abend des 26. August weiter zurück in den Hafenkanal verholt, aber nun lag es näher bei der gefährdeten Landverbindung der Westerplatte. Während der folgenden Nächte besetzte jeweils ein Drittel der Garnison seine Gefechtsstellungen. Hinzu kamen routinemäßiger Wachdienst und Streifengänge. Der intensiven Kampftätigkeit der kommenden Woche ging also eine ebenso lange Zeit anstrengender Alarmbereitschaft voraus[2].
Trotz begründeten Mißtrauens seitens der Polen versetzte ihnen der plötzliche Feuerüberfall der »Schleswig-Holstein« im Morgengrauen des 1. September einen Schock. Nach Witkowski[3] waren die Ereignisse der ersten Minuten derart dramatisch, daß es schwerfällt, heute genau zu schildern, was sich in der Kaserne,

1 Laut Weyers Taschenbuch der Kriegsflotten 1939 befand sich der Vormarsstand ca. 35 m über der Wasserlinie.
2 Sucharski, in: Flisowski, S. 48 f., und Flisowskis Karte.
3 Witkowski, S. 67.

den Wachhäusern und den Unterständen abspielte. Der Bericht eines Augenzeugen mag den aufsehenerregenden Übergang vom Frieden zum Krieg, den »Startschuß« zum Zweiten Weltkrieg, beschreiben:

»Der schöne Abend des 31. August unterschied sich in keiner Weise von den vorhergegangenen. Die nachts Dienst tuenden Streifen meldeten keine besonderen Vorkommnisse, sondern nur, daß im Hafenkanal nicht der sonst übliche Verkehr herrschte. Über dem ganzen Hafen lag irgendwie eine unheilverkündende Stille. Dennoch konnte keiner ahnen, daß diese Ruhe durch ein derartiges Alarmsignal, wie es am 1. September um 04.45 Uhr ertönte, unterbrochen werden würde. In diesem Augenblick klirrten alle Fenster der Kaserne unter dem Feuer des Linienschiffes »Schleswig-Holstein«, das im Hafenkanal, 600 m von uns entfernt, lag[4].«

Die Beschießung der Westerplatte durch die Schiffsartillerie wurde als anhaltend und orkanartig empfunden[5]. Die beiden ersten 28-cm-Granaten schlugen einige Baumkronen ab und explodierten im Meer[6].

»S. O. S., ich werde angegriffen«, wurde dem Flottenchef auf Hela über Funk gemeldet. Offenbar war es der Leiter der Funkstation, der diese Meldung im Klartext absetzte. Als eine der ersten Gegenmaßnahmen wurde befohlen, Gasmasken auszuteilen[7].

Gleichzeitig mit den ersten Schüssen der »Schleswig-Holstein« wird das auf der Landzunge liegende Eisenbahntor in der Ziegelmauer gesprengt[8]. Von der Kaserne im Zentrum aus wird das gesamte Verteidigungssystem alarmiert. Die Verstärkungen eilen auf ihre Gefechtsstände. Die gegen die Landverbindung hin vorgeschobenen Unterstände »Prom« und »Wal« fangen die

4 Z Dziejów wojny, S. 151. Anm. 11 verweist auf J. Pertak, Wielkie dni malej floty. Wydawnicto Poznańskie 1958 r., S. 38. Der Abstand von der »Schleswig-Holstein« zur nächstgelegenen polnischen Stellung »Prom« betrug gut 300 m, zur Kaserne nahezu 900 m. Siehe Skizze 2.

5 Z Dziejów wojny, S. 151.

6 Sucharski, in: Flisowski, S. 49.

7 Unrug, S. 2. Zarębski, in: Flisowski, S. 329.

8 Die Darstellung der Ereignisse am 1. 9., wenn nicht anders erwähnt, nach Wroński, Polskie Siły Zbrojne, S. 127 f. Rzepniewski, S. 300 ff. Sucharski, in: Flisowski, S. 49 f. Dąbrowski, in: Flisowski, S. 72 ff. Kręgielski, in: Flisowski, S. 231 f., und Dąbrowski/Grodecki in: Flisowski, S. 331 ff. Witkowski, S. 70 ff., 75 f.

ersten Angriffsstöße auf. Die erste Angriffswelle wird mit Maschinenwaffen zum Stehen gebracht.
Oberleutnant Pająk, der auf »Prom« und dem südöstlichen Verteidigungsabschnitt befehligt, befindet sich, da er nachts krank war, noch in der Kaserne. Er löst jetzt wieder seinen Stellvertreter, Oberfeldwebel Gryczman, ab, der den Infanterieangriff telefonisch gemeldet hat[9].
Vom Wachhaus »Schupo« der Danziger Polizei, das in einer Einbuchtung der Mauer liegt, wird der polnische Unterstand von hinten mit Maschinenwaffen beschossen. Ein Gefreiter und zwei Mann erhalten Befehl, die feindliche Stellung mit Handgranaten zu zerstören. Nur fünf Meter vor dem Angriffsziel erheben sie sich aus der Deckung und werfen ihre Handgranaten durch die Scharten, aus denen das Feuer kam.
Kurz bevor die Explosion erfolgt, fallen zwei von ihnen. Der Streifenführer ist tödlich verwundet. Der dritte Soldat läuft weiter heran und schaltet mit seinen restlichen Handgranaten die beschädigte Stellung aus.
Die Sicht wird immer besser. Auf »Prom« entdeckt man, daß der Feind abermals vorgeht. Pająk fordert telefonisch die bereitstehenden Granatwerfer auf, das seiner Stellung vorgelagerte Gelände unter Feuer zu nehmen. Das geschieht. Der Angriff bricht im polnischen Feuer zusammen, und die Deutschen ziehen sich zurück.
»Prom« hat also standgehalten. Doch die von einem Gefreiten geführte Besatzung des schwächeren, zur See hin gelegenen Unterstands »Wal« hat sich auf »Fort« zurückziehen müssen. Das geschah entweder bereits beim ersten Angriff oder nachdem dieser abgeschlagen worden war[10]. Dadurch entsteht in der ersten Verteidigungslinie eine Lücke.
Gleichzeitig mit dem Angriff über die Landzunge eröffnen etwa zehn Maschinengewehre über den Hafenkanal hinweg das Feuer. Das Feuer kommt aus den Silos und aus anderen hohen Gebäuden in Neufahrwasser, so vom Turm der evangelischen Kirche, aus Häusern beiderseits des Bahnhofs und vom Leuchtturm bei der Einfahrt zum Hafenkanal. Die ganze Westerplatte wird

9 Flisowski, S. 49, Anm. 4. B. S., Interview mit Flisowski.
10 Flisowski, S. 50, Anm. 6. Nach Sucharski zog sich die Besatzung dieser Stellung erst später zurück.

beschossen, vor allem aber die vorderen Unterstände »Prom« und »Przystan«.

Das Feuer wird mit Maschinen- und Handwaffen erwidert. Dabei entdeckt man eine Kolonne deutscher Soldaten, die sich auf einer Querstraße zum Hafenkanal hin bewegt. Das Feuer eines leichten Maschinengewehrs vom Unterstand »Prom« zerstreut die Deutschen, die in den Hauseingängen Deckung suchen. Doch es gelingt nicht, das Feuer der deutschen Maschinengewehre zum Schweigen zu bringen.

Sucharski befiehlt, das in der Garage der Kaserne stehende 7,6-cm-Geschütz in die vorbereitete Stellung zu bringen. Sein Befehl lautet weiter, durch direktes Feuer die Maschinengewehre auf der anderen Seite niederzukämpfen. Zuerst wird der Leuchtturm beschossen. Der Abstand beträgt etwa 400 m. Der erste Schuß geht daneben, aber der zweite trifft genau ins Ziel. Gebäude nach Gebäude wird beschossen. Man glaubt, etwa zehn Stellungen zum Schweigen gebracht zu haben[11].

Während sich dies alles auf der Landzunge und längs des Hafenkanals abspielt, wird auch auf der Nordseite der Halbinsel ein Kampf ausgetragen. Wie oben erwähnt, hatte die Danziger Polizei einen zweiten Posten im Verwaltungsgebäude innerhalb des eingezäunten Geländes beim Hafenbecken. Von dort wird nun, gleichsam »von hinten«, ein Angriff gegen die Hauptverteidigungslinie geführt. Er zielt, wie man annimmt, darauf ab, das Wachhaus Nr. 4 zu überrumpeln. Wahrscheinlich wird dieser Angriff unmittelbar nach dem Feuerüberfall der »Schleswig-Holstein« unternommen. Er wird von den mobilisierten Zivilangestellten auf »Elektrownia«, unterstützt von den umliegenden Unterständen, vereitelt. Das Abwehrfeuer der Polen vernichtet diese deutsche Abteilung, die sich bereits mit ihrer Ausgangsstellung in unmittelbarer Nähe des inneren polnischen Verteidigungsrings befand[12].

Um 07.00 Uhr gibt der polnische Rundfunk der Welt in verschiedenen Sprachen bekannt, daß Polen überfallen worden ist. Von der Kaserne aus unterrichtet Hauptmann Dąbrowski die Wachhäuser und Unterstände, daß der Handstreich gegen die

11 Grabowski, in: Flisowski, S. 220.

12 Es ist schwierig, ein eindeutiges Bild von den Kämpfen um das Wachhaus der Schutzpolizei zu gewinnen, obwohl sie in vielen polnischen Berichten beschrieben werden.

Westerplatte fehlgeschlagen ist, daß die gesamte Besatzung im Einsatz ist und daß vom polnischen Feuer reihenweise niedergemähte Deutsche vor dem Unterstand »Prom« liegen. Die Stimmung der Soldaten hebt sich.
Doch sieht man, daß die »Schleswig-Holstein« sich mit Hilfe zweier Schlepper abermals der Westerplatte nähert. Auf 400 m Entfernung von »Prom« eröffnet sie ein noch stärkeres Feuer als bei der ersten Beschießung. Man sieht Blitze und hört Explosionen. Über dem ganzen Gelände liegen Rauch und Feuer. Es kommt zu einem ungleichen Artilleriegefecht zwischen der Schiffsartillerie und dem 7,6-cm-Geschütz. Dieses kann insgesamt gut 30 Schuß abgeben, ehe es durch Granatsplitter außer Gefecht gesetzt wird. Die Bedienungsmannschaft kommt ohne schwerere Verletzungen davon. Auch die kleinen Panzerabwehrkanonen nehmen den Kampf auf. Doch wie es in Dąbrowkis und Grodeckis sogenanntem Kriegstagebuch heißt: »Über zehn gutgezielte Schüsse mit den 3,7-cm-Kanonen bestätigen nur unsere völlige Ohnmacht gegenüber der Panzerung der ›Schleswig-Holstein‹«[13].
Das Feuer des Linienschiffs hat vor allem den ihm am nächsten liegenden Unterstand »Prom« getroffen. Der ihm vorgelagerte Verhau ist weggeschossen, die eigentliche Feldstellung nahezu zerstört worden. Etliche der Verteidiger sind gefallen oder verwundet. Der stellvertretende Kommandant von »Prom«, der den Befehl für den schwerverwundeten Pająk übernommen hat, bekommt von der Kaserne aus den Befehl, sich zurückzuziehen und mit seiner Truppe die Besatzung des Wachhauses Nr. 1 zu verstärken.
Die Besatzung auf »Wal« hat sich, wie oben erwähnt, auf »Fort« zurückziehen müssen. Von dort kann der etwa 250 m tiefe deutsche Einbruch abgeriegelt werden. Aber jetzt ist die vordere Verteidigungslinie durchbrochen und das Vorgelände, d. h. etwa ein Drittel der Westerplatte, verlorengegangen. Die Verteidigung festigt sich nun entlang der Hauptverteidigungslinie, gestützt auf die beiden Wachhäuser und den an der See liegenden Unterstand »Fort«. Das aufgegebene Gelände wird durch ausgesandte Streifen überwacht.

13 Dąbrowski/Grodecki, in: Flisowski, S. 332. Höchstens eine Panzerabwehrkanone dürfte, nach den Stellungen zu urteilen, eingesetzt worden sein.

Ab Mittag ist ein Nachlassen der deutschen Gefechtstätigkeit festzustellen. Diese verhältnismäßige Ruhe wird jedoch durch feindliche Vorstöße sowie durch das Feuer des Linienschiffs und schwerer Feldartillerie aus Richtung Weichselmünde und Brösen unterbrochen. Nach Einbruch der Dunkelheit werden neue Vorstöße gegen die polnischen Verteidigungslinien geführt. Gegen 23.00 Uhr beschießt man von »Przystan« zwei Ruderboote, die panikartig fliehen[14].

Sucharski beschreibt die Haltung der Besatzung an diesem ersten Kampftag als ausgezeichnet. Während des Kampfes hatten die älteren, zum größten Teil kriegserfahrenen Leute durch ihr beispielhaftes Auftreten den meist jüngeren Soldaten Rückhalt gegeben. Alle wußten, daß man einen Teil des für die Verteidigung wichtigen Geländes hatte aufgeben müssen, aber ihnen war auch bekannt, daß der Angreifer zum Rückzug gezwungen wurde. Das Gefühl, »die erste Schlacht gewonnen zu haben«, bedeutete mehr als der Preis dafür. Vier Gefallenen und ebenso vielen Verwundeten standen die beobachteten weit höheren Verluste des Feindes gegenüber. Fähnrich Kręgielski bezeichnet die Stimmung der Soldaten in den Unterständen als gut. Von der Kaserne war ihnen nämlich mitgeteilt worden, daß sie nur einige Stunden allein aushalten müßten[15].

Während die schweren Abwehrkämpfe des ersten Tages die Kampfmoral stärkten, hatte der heftige Stuka-Angriff am Abend des 2. September entgegengesetzte Wirkung. Die Bekämpfung aus der Luft mußte man passiv über sich ergehen lassen, da Flakwaffen völlig fehlten[16].

Der Tag verläuft größtenteils ohne besondere Ereignisse. Seit dem Morgengrauen treten deutsche Streifen auf. Später folgen eine Artilleriebeschießung und zwei Vorstöße, die durch Kreuzfeuer der Hauptverteidigungslinie abgewiesen werden. Diese Angriffe wurden entlang der Bahnlinie vorgetragen, und man ist der Ansicht, daß sie darauf abzielten, die Wachhäuser von Norden her zu umgehen. Am Vormittag überfliegt ein deut-

14 Kręgielski, in: Flisowski, S. 233 (Ruderboote).

15 Ebd., S. 232.

16 Die Darstellung der Ereignisse am 2. 9., wenn nicht anders erwähnt, nach Wroński, Polskie Siły Zbrojne, S. 128 ff. Rzepniewski, S. 147 f. Flisowski, S. 125, Anm. 18. Sucharski, in: Flisowski, S. 51, und Dąbrowski/Grodecki, in: Flisowski, S. 333 f. Witkowski, S. 82 f.

sches Flugzeug die Westerplatte, wahrscheinlich um aufzuklären. Am Nachmittag herrscht vollständige Gefechtsruhe – die Ruhe vor dem Sturm.
Plötzlich unterbricht Motorenlärm einiger Stukas die Stille[17]. Etwa 50 Stukas werfen in mehreren Anflügen Brand- und Sprengbomben von 500 kg und weniger Gewicht. Der Angriff hält bis zur Dämmerung an und dauert mit einer kurzen Unterbrechung eine dreiviertel Stunde. Viele Bomben fallen auf den offenen Platz vor der Kaserne. Größere Brände entwickeln sich nicht, nur einige Heuhaufen und das trockene Unterholz des Waldes werden angezündet.
Der Stuka-Angriff hat erheblich größere Schäden und Verluste verursacht als die vorherigen Beschießungen mit Schiffsartillerie. Das Wachhaus Nr. 5, ein Eckpfeiler des engeren Verteidigungssystems, und ein dort befindliches Waffenlager sind durch zwei Volltreffer zerstört. Von den zwölf Mann der Besatzung können sich nur drei Überlebende aus den Trümmern graben. Unter den Verschütteten befindet sich der Kommandant des Wachhauses. Auch andere Wachhäuser sind beschädigt. Die Kaserne hat mehrere Treffer erhalten, u. a. einen durch eine 500-kg-Bombe[18]. Die Küche, die Wasserleitungen und ein Teil der Lebensmittelvorräte sind zerstört. Die Bomben haben zwei Stockwerke durchschlagen, aber die Kellerdecke hat gehalten, wie Skizze 10 veranschaulicht. Dennoch ist die Funkstation ausgefallen, zumindest kann nicht gesendet werden[19]. Die Granatwerferstellungen in der Nähe der Kaserne sind zerstört und die Werfer so stark beschädigt, daß sie nicht repariert werden können. Die unterirdischen Telefonleitungen sind unterbrochen.
»Es läßt sich schwerlich leugnen, daß dies ein besonders kritischer Augenblick für die Besatzung war«, schreibt Sucharski in seinem Bericht. Aber das galt in hohem Maße auch für ihn. Nach Witkowski hatte ihn der Luftangriff schwer mitgenommen, und die Verantwortung für die ihm anvertraute Truppe lastete schwer auf ihm. Er überlegte, ob eine weitere Verteidi-

17 Major Sucharski gibt den Zeitpunkt mit 15.00 Uhr an. Die meisten anderen polnischen Quellen nennen Uhrzeiten zwischen 17.00 und 17.35 Uhr.
18 Siłakowski, in: Flisowski, S. 324.
19 Nach Sucharski, in: Flisowski, S. 51, wurde die Funkstation »zerstört«. Nach Ząrebski, in: Flisowski, S. 328 ff., konnte weiterhin empfangen werden.

Skizze 10

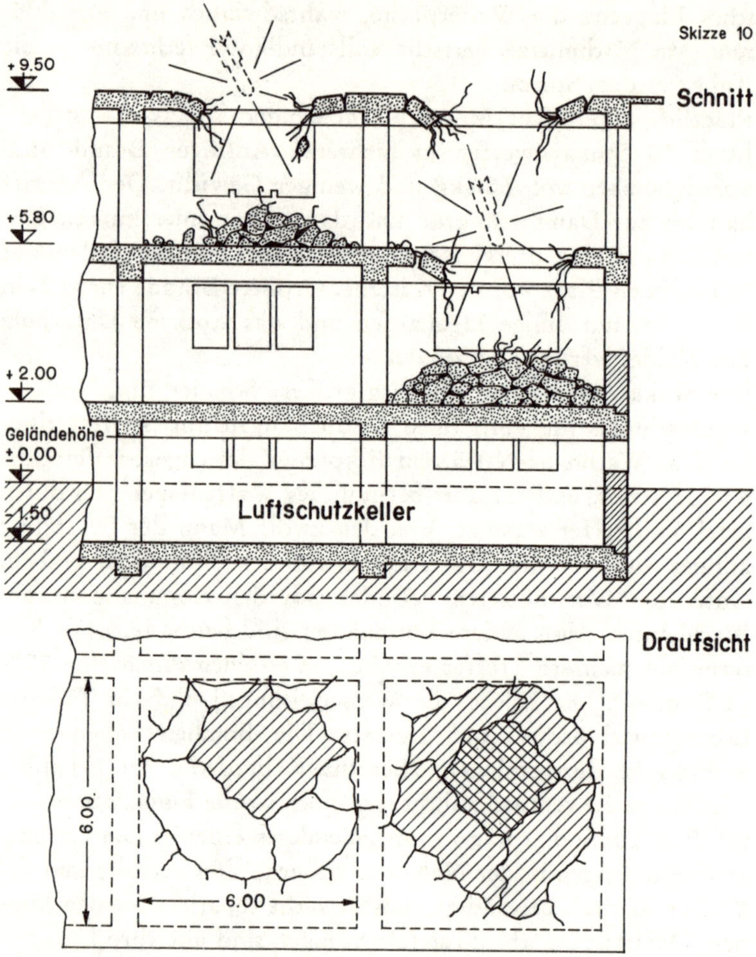

Schematische Zeichnung Silakowskis: Die Wirkung von Bombentreffern auf die neuen Betondecken

Quelle: Flisowski, S. 321

gung Sinn habe; die gestellte Aufgabe, die isolierte Stellung 12 Stunden zu verteidigen, war ja bereits erfüllt worden. Sein Stellvertreter, Hauptmann Dąbrowski, war anderer Ansicht. Er betonte, die Wachhäuser hielten noch stand, deshalb könne man den Kampf fortsetzen[20]. Auch bei den anderen Offizieren in der Kaserne fand Sucharski keine Unterstützung.

Dieser Meinungsaustausch unmittelbar nach dem Luftangriff ist die erste Andeutung, daß sich die Führung nicht einig war; es gab verschiedene Auffassungen, ob die Westerplatte weiter verteidigt werden solle oder nicht.

Die Verteidigung wurde fortgesetzt. Eine Folge dieser Entscheidung war Sucharskis Entschluß, die Chiffrierunterlagen, Verteidigungs- und Verstärkungspläne sowie andere Geheimpapiere zu verbrennen[21]. Er erwartete nach dem Bombenangriff den entscheidenden Infanterieangriff, der eine desorganisierte Verteidigung angetroffen hätte. »Ich gebe zu, daß der Gegner, wäre er innerhalb einer Stunde nach dem Luftangriff zum Angriff angetreten, sicherlich erfolgreich gewesen wäre«, schreibt der Kommandant der Westerplatte.

Doch die Polen erhielten eine Frist, während der sie die Verteidigung neu organisieren konnten. »Fort« sowie eine neue Stellung »Tor kolejowy« mußten die Lücke in der Hauptkampflinie schließen, die durch den Ausfall des Wachhauses Nr. 5 entstanden war. Da man über keine Reserven verfügte, stellte man die Besatzung für »Tor« zusammen, indem man fünf Mann aus dem Wachhaus in der Kaserne abzog und ihnen einen Obergefreiten der Besatzung des geräumten Unterstands »Prom« zuteilte. Das Kommando wurde Feldwebel Deik übertragen, der von seiner Stellung am Hafenkanal abkommandiert wurde. Die unterbrochenen Telefonverbindungen wurden von Fernmeldern wiederhergestellt, die kriechend und im Schutz der Bombenkra-

20 Witkowski, S. 83, Anm. 36. Für das Auftreten Dąbrowskis beruft sich Witkowski auf ein von diesem 1957 veröffentlichtes Buch. Auch in Flisowskis Buch über die Westerplatte wird von Meinungsverschiedenheiten zwischen Sucharski und seinem Stellvertreter berichtet. Dagegen findet sich in den Berichten Sucharskis nud Dąbrowskis kein Hinweis darauf.

21 Nach Angabe von Ząrebski, der stellvertretend die Funkstationen leitete, stand man solange mit der Führung in Nachrichtenverbindung, »bis man in der tragischen Stunde unsere Chiffren vorzeitig verbrannte«. Ząrebski, in: Flisowski, S. 329.

ter Feldtelefondrähte direkt am Boden verlegten. Das wurde in den folgenden Nächten Routine für sie.
Erst zwischen 20.00 und 21.00 Uhr, d. h. etliche Stunden nach dem Luftangriff, erfolgte der erwartete Infanterieangriff. Vor Mitternacht wurde ein zweiter und stärkerer durchgeführt. Beide Angriffe konnten zurückgeschlagen werden.
Weniger sichtbar, aber um so ernsthafter waren die indirekten Folgen des Luftangriffs. Er war ein zeitlich und räumlich sehr konzentrierter Einsatz, der acht Gefallene, also doppelt so viele wie am Vortage, und einige Verwundete gefordert hatte. Eine Möglichkeit, sich gegen die Stukas zu wehren, bestand nicht. Dies alles gab der Besatzung ein Gefühl völliger Ohnmacht. Die tatsächliche Isolierung der Westerplatte wurde noch dadurch verstärkt, daß die Funkverbindung mit der höheren militärischen Führung fehlte. Die einzige Möglichkeit zur Information bestand darin, den Nachrichtenverkehr abzuhören, solange die Akkumulatoren das zuließen. Ab und zu konnte man deutsche Nachrichten oder den Sender Warschau 1 empfangen. Die Nachrichten über die Lage des Landes klangen nicht hoffnungsvoll. Es wurde mitgeteilt, daß die polnische Küste vom übrigen Land abgeschnitten sei. Der Inhalt der empfangenen Nachrichten wurde nur den Vorgesetzten bekanntgegeben. Nur Teilinformationen wurden nach unten weitergegeben.
Die Stimmung der Soldaten war am folgenden Tag, dem 3. September, einem Sonntag, nicht die beste[22]. Ihre ersten vorsichtigen Fragen galten der polnischen Luftwaffe. Wo blieb sie? Nach Ansicht der Soldaten wäre es ihre Pflicht gewesen, das feindliche Kriegsschiff zu vernichten[23]. Statt dessen zeigte sich ein deutsches Flugzeug, wahrscheinlich um die Wirkung des Bombenangriffs zu fotografieren[24].
Abgesehen von störendem Artilleriefeuer seit dem Morgengrauen und von einem Erkundungsangriff verlief der Tag ruhig. Man hörte die Kirchenglocken in Neufahrwasser und Danzig läuten. Man stellte den Jubel der Bevölkerung fest, der einmarschierenden Wehrmachttruppen galt. Am Abend erbot sich der

22 Die Darstellung der Ereignisse am 3. 9., wenn nicht anders erwähnt, nach Wroński, Polskie Siły Zbrojne, S. 130. Sucharski, in: Flisowski, S. 52. Rzepniewski, S. 303, Witkowski, S. 85.
23 Witkowski, S. 85. Witkowski gibt hier keine Quelle an.
24 Rzepniewski, S. 302.

Oberfeldwebel der Marine Bartoszak, paddelnd oder schwimmend eine Meldung von der Westerplatte zu den polnischen Linien bei Gdingen zu überbringen. Aber Major Sucharski lehnte diesen riskanten Vorschlag ab. Die Nacht war mondhell.
In der Nacht unternahmen die Deutschen einen neuen, energischen Vorstoß über die Landzunge. Nach harten Kämpfen wehrten Wachhaus Nr. 1 und Nr. 2 sowie die Unterstände »Fort« und »Tor« den Angriff ab. Es wurde auch eine Landung im Gelände beim Hafenbecken versucht. »Deckendes« Maschinengewehrfeuer von »Przystan« empfing die Boote, die gierten und abliefen[25].
Die Verluste der polnischen Besatzung an diesem Tag waren unbedeutend und beschränkten sich auf einige Verwundete. Aber die Führung hörte den ganzen Tag über deprimierende Nachrichten der deutschen Rundfunksender, u. a. daß das polnische Küstengebiet jetzt abgeschnitten sei. Spät am Abend empfing man die Nachricht, England und Frankreich hätten Deutschland den Krieg erklärt. Diese erfreuliche Nachricht, jedoch keine andere, wurde sofort und soweit möglich telefonisch den Besatzungen der verschiedenen Stellungen bekanntgegeben. Die Stimmung der Soldaten hob sich merklich. Allgemein rechnete man mit einem schnellen Sieg über Deutschland und mit baldigem Entsatz durch die alliierte Flotte.
Wenn das große Ereignis des zweiten Kampftages der Bombenangriff war, war es am 4. September die Beschießung von See her[26]. Obergefreiter W. Baran, der vorübergehend auf »Fort« kommandierte, meldete Kriegsschiffe auf See. Diese eröffneten dann das Feuer[27]. Im Unterschied zu Sucharski und den meisten

25 Dąbrowski, in: Flisowski, S. 76. In Anm. 16 weist Flisowski darauf hin, daß der Kommandant der Stellung dieses Ereignis auf die Nacht zwischen dem 1. und 2. 9. verlegt hat (Ruderboote).

26 Darstellung bis zum 5. 9. nach Wroński, Polskie Siły Zbrojne, S. 130 f., wenn nicht anders angegeben.

27 Flisowski, S. 125, Anm. 18, zum Bericht des Obergefreiten Baran. – Barans Kommandierungen sind ein Beispiel dafür, wie man die unteren Dienstgrade ablöste. Baran hatte die Maschinengewehre auf »Prom« geführt. Nachdem diese Stellung am 1. 9. aufgegeben worden war, hielt er sich einen Tag in der Kaserne auf. Nach Beendigung des Luftangriffs wurde er mit fünf Mann abkommandiert, um die Stellung »Tor« zu besetzen, die die durch die Zerstörung des Wachhauses Nr. 5 entstandene Lücke schließen sollte. Am Morgen des 3. September konnte er wieder in der Kaserne ausruhen. Später an diesem Tag löste er den erschöpften

anderen verlegt Dąbrowski diese Operation auf den nächsten Tag.

Die polnischen Angaben über diese deutschen Kriegsschiffe weichen erheblich voneinander ab. Die meisten geben zwei Schiffe an. Sie werden als Zerstörer, alte Torpedoboote oder Wachboote bezeichnet. Eine detaillierte Angabe spricht von drei kleineren Schiffen, dem Torpedoboot »T 196«, dem Minensuchboot »M 1« und der »von der Groeben«[28], eine andere von Kuttern oder Minensuchbooten sowie von »6 im Geschwader fahrenden Zerstörern«[29].

Irgendeine direkte Wirkung der Beschießung wird in dem polnischen Material nicht erwähnt. Doch ist dies Ereignis vielen Angehörigen der Besatzung, die nach dem Krieg befragt wurden, besonders in Erinnerung geblieben, wahrscheinlich weil die Westerplatte erst jetzt auch von See her angegriffen wurde. An diesem Tag wurde der polnische Stützpunkt auch von schweren Feldgeschützen und von der »Schleswig-Holstein« unter schweres Artilleriefeuer genommen. Hinzu kam der ständige Druck des Gegners über die Landzunge. Die Beschießung von See her gab der Besatzung das Gefühl, völlig eingeschlossen zu sein und von allen Seiten angegriffen zu werden.

Es ist schwierig, den zeitlichen Ablauf der Ereignisse vom 4. September an nur anhand der polnischen Quellen zu schildern. Für die Zeit vor dem 4. September stimmen die Berichte in wesentlichen Punkten überein. Für die folgende Zeit bis zur Kapitulation am 7. September widersprechen sich die Angaben teilweise, vor allem, was den Zeitpunkt der Ereignisse betrifft. Das erklärt sich offenbar aus der zunehmenden physischen und psychischen Erschöpfung der Besatzung infolge des anhaltenden und sich verstärkenden Drucks des Gegners[30]. Die folgenden Tage ließen sich kaum voneinander unterscheiden. Sie wurden für die Besatzung zu einem einzigen Alptraum.

Quellenkritisch gesehen, sind diese Abweichungen interessant.

Kommandanten auf »Fort« ab. Um 15.00 Uhr am 4. September wurde er in die Kaserne zurückbefohlen. Von dort wurde er zum »schon in Trümmern liegenden« Wachhaus Nr. 3 kommandiert, um da den Befehl zu übernehmen. Das war sein letzter Auftrag.

28 Z Dziejów wojny, S. 152, 154.

29 Kręgielski, in: Flisowski, S. 234.

30 Rzepniewski, S. 359.

Flisowski, der die Berichte der Verteidiger der Westerplatte gesammelt und redigiert hat, hat offenbar nicht versucht, sie nach einem bestimmten Muster auszurichten oder sie in eine bestimmte Richtung zu lenken. Dadurch erhöht sich zweifellos grundsätzlich der Wert dieser Quellen. Doch hat er in den Fußnoten markante Abweichungen kommentiert und offensichtliche Fehler berichtigt. Aus dem Gesagten ergibt sich, daß die übereinstimmenden Angaben der Quellen über die Ereignisse vor dem 4. September grundsätzlich glaubwürdig sind und daher eine gesichertere Darstellung erlauben.

Aufgrund der Beschaffenheit der Quellen werden im folgenden Datum und Uhrzeit nur angegeben, wenn sie sich eindeutig anhand des polnischen Materials feststellen lassen.

Die Besatzung fühlte sich einer ununterbrochenen deutschen Gefechtstätigkeit ausgesetzt. Nach den Berichten traten Streifen auf, und es wurden Vorstöße, Stoßtruppunternehmen und regelrechte Angriffe unternommen. Sie gingen von den feindlichen Stellungen bei der Landzunge aus, und man nahm an, sie zielten darauf ab, durch einen Vorstoß entlang der Seeseite das Verteidigungssystem und die Kaserne von Norden her zu umgehen. Man hatte zuvor festgestellt, daß eine Marinestoßtruppkompanie und eine »Einheit Kadetten« des Linienschiffs sowie SA- und SS-Abteilungen eingesetzt waren. Seit dem 4. September machte man auch ein an den Angriffen teilnehmendes Pionierbataillon des Heeres aus[31].

Auch meinte man, täglichem Artilleriebeschuß ausgesetzt zu sein. Außer von der »Schleswig-Holstein« wird die Westerplatte von »Landbatterien«, hauptsächlich aus Richtung Weichselmünde und Brösen, beschossen. Man ist der Auffassung, daß es sich um eine 8,8-cm-Batterie des Küstenschutzes, um 15-cm-Haubitzen sowie um Mörser und Minenwerfer großen Kalibers, wahrscheinlich 21 cm, handelt[32].

Flisowski beschreibt anschaulich, wie die Besatzung der Westerplatte die Beschießung, als sie am stärksten war und die meisten Verwundeten forderte, erlebte: »Das feindliche Artillerie-

31 Sucharski, in: Flisowski, S. 51 f., und Flisowski, Anm. 9. Dąbrowski/Grodecki, in: Flisowski, S. 335.

32 Sucharski, in: Flisowski, S. 52. Dąbrowski/Grodecki, in: Flisowski, S. 334, Wroński, Polskie Siły Zbrojne, S. 130 f.

feuer zerpflügte buchstäblich das Gelände, Bäume stürzten, die Menschen in den Wachhäusern wurden in die Luft geworfen, als seien sie Federn[33].«

Die offenen Wehren der Unterstände werden mit Astwerk übersät. Der Wald wird immer mehr in einen Geisterwald verwandelt. Dadurch werden die Verteidigungsstellungen nach und nach ihrer natürlichen Tarnung beraubt. Die lebenswichtige Verteidigungsanlage – das Wachhaus und die Kaserne im Zentrum – wird immer mehr freigelegt und kann unter direkt gerichtetes Feuer genommen werden. Am 5. September wird die Westerplatte 90 Minuten lang von Haubitzen nicht genannten Kalibers mit Steilfeuer beschossen[34].

Das Steilfeuer der Feldartillerie erzielt immer größere Wirkung[35]. Die 21-cm-Granaten beginnen, die Kellerdecken zu durchschlagen, die somit den Maschinengewehren und ihren Bedienungsmannschaften nicht länger Schutz bieten. Die Wachhäuser, vor allem Wachhaus Nr. 1, werden immer stärker beschädigt. Doch der Keller der Kaserne hält dem Beschuß lange stand. Hier lag die wichtigste Verteidigungsstellung. Von hieraus wurde auch der Verteidigungskampf geleitet, und hier sammelte man die Verwundeten. An diesem Tag (5. September) durchschlug eine Granate die unterste Eisenbetondecke, die zuvor den Bomben widerstanden hatte. Volltreffer zerstörten Teile des Fundaments und durchschlugen die Mauer. Besonders die Südostecke wurde schwer beschädigt. Dem Soldaten, der das dort stehende Maschinengewehr bediente, wurde der Brustkorb eingedrückt.

Splitter und Betonbrocken schlagen im Speiseraum des Kellers ein, der als Verbandplatz, Operationssaal und Lazarett dient. Bereits verwundete Soldaten werden getötet oder erneut verwundet. Es herrschen unhygienische Zustände, die durch Verbandswechsel nur verschlimmert werden. Der Arzt Dr. Słaby muß unter äußerst primitiven Verhältnissen, ohne Operations-

33 Flisowski, S. 31, und B. S., Interview mit Flisowski.
34 Wojna obrona Polski, S. 576.
35 Die Wirkung des Feuers und die Lage in den Wachhäusern und in der Kaserne, wenn nicht anders erwähnt, nach Rzepniewski, S. 360 f. Flisowski, S. 31. Sucharski, in: Flisowski, S. 52. Dąbrowski/Grodecki, in: Flisowski, S. 334 f.

Foto 1:

Die Rolle der Westerplatte als nationales Symbol des polnischen Widerstands ist nach dem Krieg stark betont worden. Der größte Teil der Halbinsel ist heute ein Freilichtmuseum. Das 25 m hohe Denkmal ehrt nicht nur die ehemalige Besatzung der Westerplatte, sondern alle Polen, die im Zweiten Weltkrieg kämpften. Es stellt einen Schwertknauf dar, die Klinge ist tief in die Erde gestoßen. Die Symbolik ist leicht faßlich. Hier standen wir damals, und hier werden wir auch in Zukunft stehen. Die Briefmarke über die Kämpfe um die Westerplatte wurde bereits im September 1945 herausgegeben. – Der Hafenkanal ist inzwischen verbreitert und das Äußere der Halbinsel ist teilweise verändert worden, aber viele Verteidigunganlagen sind erhalten geblieben. Am anderen Ufer des Hafenkanals erkennt man den Leuchtturm. Das große Bild ist ein Geschenk Flisowskis, das kleine nach Witkowski, S. 111.

Foto 2: Das Linienschiff »Schleswig-Holstein« im Hafenkanal zwischen der Landzunge zur Westerplatte und Neufahrwasser. Aufgenommen während der Beschießung am 1. September. Wojskowy Instytut Historyczny (WIH).

Foto 3:

Der Kommandant der »Schleswig-Holstein«, Kapitän z. S. Gustav Kleikamp, hier als Vizeadmiral gegen Ende des Krieges. WIH.

Foto 4: Die neue Kaserne war das Rückgrat des Verteidigungssystems. Der Keller des Südostflügels bildete den Schartenstand Nr. 6 mit »stark geschützten MG-Stellungen«. Die Schäden sind hauptsächlich auf den Stukaangriff vom 2. September zurückzuführen. Geschenk Kleikamps 1948.

Foto 5: Schützengraben vor der Stellung »Prom« nach Beendigung der Kämpfe. Im Hintergrund ist der Hafenkanal zu sehen. WIH.

Foto 6: Der Chef der Militärabteilung bei der diplomatischen Vertretung Polens in Danzig, Oberstleutnant Sobociński, inspiziert in Zivil die Besatzung der Westerplatte im Frühjahr 1939. WIH.

Foto 7: Die Ziegelmauer, die die Westerplatte zum Hafenkanal und gegen die Landzunge hin abschirmte, nach der Beschießung durch die »Schleswig-Holstein«. Morze.

Foto 8: Unter dem Jubel der begeisterten Danziger Bevölkerung läuft die »Schleswig-Holstein« am 25. August in den Danziger Außenhafen, Neufahrwasser, ein. Witkowski, S. 60.

Foto 9: Soldaten der Marinestoßtruppkompanie an Bord der »Schleswig-Holstein«. Eine Woche lang mußten sie sich in den engen Quartieren unter Deck versteckt halten. Morze.

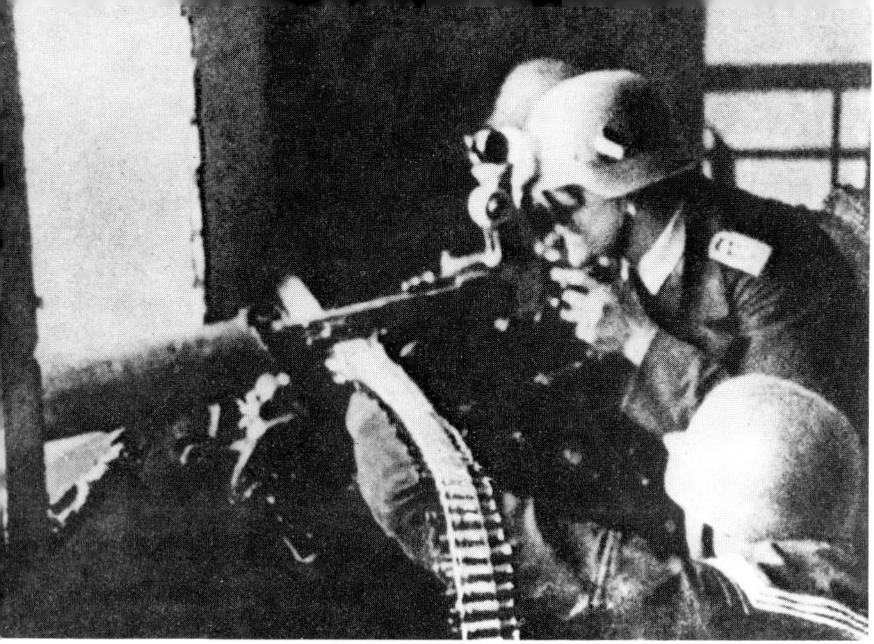

Foto 10: Ein deutsches MG beschießt die Westerplatte von einem Gebäude in Neufahrwasser aus. Flisowski, S. 232–233.

Foto 11: Der Angriff hat begonnen. Eine Abteilung der Marinestoßtruppkompanie vor der Ziegelmauer. WIH.

to 12: Der letzte Akt des Dramas. Der Kommandant der Westerplatte, Sucharski, auf dem Weg in die Gefangenschaft. Witkowski, S. 93.

to 13: Vielleicht der erste Schuß des Zweiten Weltkrieges. Trotz allem überraschte der plötzliche Rollenwechsel der »Schleswig-Holstein« vom Gast zum Feind am 1. September die Besatzung der Westerplatte. Der Abstand zur nächstgelegenen polnischen Stellung betrug lediglich 400 m. Geschenk Kleikamps 1948.

Foto 14:

Ein in der Kriegsgeschichte ziemlich einmaliges Duell zwischen schwerer Schiffsartillerie . . .

Foto 16: Der durch Bomben zerstörte Schartenstand Nr. 5. Witkowski, S. 101.

Foto 15:

. . . und einem leichten Feldgeschütz auf denkbar kürzeste Entfernung. Beide Bilder nach Flisowski, S. 208–209.

oto 17: Ein wahrscheinlich durch eine 500-kg-Bombe verursachter Krater. Im Hintergrund die Kaserne. Witkowski, S. 102.

Foto 18: Der wiederholte Artilleriebeschuß während der einwöchigen Kämpfe zerstörte den Wald und legte so die polnischen Verteidigungsanlagen frei. Das Foto zeigt die Besetzung der Westerplatte durch die Pioniere nach der Kapitulation. Vor dem hohen Magazin machte die »Schleswig-Holstein« am 25. August fest. Dahinter sind die Spitzen der zwei Türme der evangelischen Kirche zu sehen. WIH.

Foto 19: Den Deutschen gelang es trotz wiederholter Versuche auch mit Hilfe von Kesselwagen nicht, den Wald anzuzünden. Witkowski, S. 91.

Foto 20: Der Schartenstand Nr. 2 wurde durch schweres Mörserfeuer beschädigt und schließlich am 7. September durch einige 28-cm-Granaten der »Schleswig-Holstein« zerstört. WIH.

Foto 21:

Der Befehlshaber der Danziger Landstreitkräfte, Generalmajor Eberhardt, und Major Sucharski. WIH.

Foto 22: Der Abmarsch der Besatzung der Westerplatte in die Gefangenschaft beginnt. Im ersten Glied von links: Dr. Słaby, Leutnant Kręgielski, Hauptmann Dąbrowski und Oberleutnant Grodecki. WIH.

Foto 23: Hitler besucht mit Begleitung die Westerplatte am 21. September. Direkt hinter Hitler Kleikamp und, teilweise verdeckt, wahrscheinlich der Chef des OKW, Keitel. Witkowski, S. 107.

tisch und ohne das vor Kriegsausbruch beschlagnahmte Verbandsmaterial arbeiten. Der Zustand der Verwundeten verschlechtert sich immer mehr. Eine Evakuierung ist ausgeschlossen. Zur wachsenden Zahl der Kampfuntauglichen gehörte auch eine Gruppe von Soldaten und Zivilarbeitern, die durch den Artilleriebeschuß und die Bombardierung psychische Schocks erlitten haben. Sie werden in einem abgelegenen alten Luftschutzraum in der Nähe des Wachhauses Nr. 2 am Hafenkanal untergebracht.

Fähnrich Kręgielski beschreibt in seinem Bericht die Zustände in der Kaserne nach vier Kampftagen. Er hatte sich dorthin begeben, um über die Lage bei seinem Unterstand »Przystan« zu berichten.

»Die Kaserne ist nach allen Beschädigungen nicht wiederzuerkennen ... Im Keller liegen die Soldaten entlang den Wänden, übermüdet, die Verwundeten auf Tragbahren. Nur eine Kerze spendet Licht. ... Die hygienischen Zustände sind unter aller Kritik, die Luft schrecklich.« – Er kehrt schleunigst zu seinem Unterstand zurück. Das taten später auch zwei erschöpfte Soldaten, die zur Kaserne geschickt worden waren, aber es dort nicht aushalten konnten[36].

Die Lage in den vorgeschobenen Stellungen in der Nacht vom 5. auf den 6. September beschreibt Oberfeldwebel Gryczman wie folgt: »Unsere Soldaten sind völlig erschöpft und bilden sich ein, Deutsche zu sehen, auf die sie dann schießen. Jeder herunterfallende Zweig löst sofort ihr Feuer aus.« Er berichtet weiter, er habe sich vergeblich bemüht, nachts Ablösung für seine Leute zu erhalten. Die Hoffnung auf wenigstens zwei bis drei Stunden Schlaf für jeden Mann der Besatzung werden in dieser Nacht zunichte. In der Nähe wird geschossen, und schließlich wird beiderseits auf dem ganzen Abschnitt planlos mit Handfeuerwaffen und Maschinengewehren gefeuert[37].

Major Sucharski schildert die aktuelle Lage aus der Sicht des Kommandanten: »Die Stellungen waren die ganze Zeit über mit denselben Leuten besetzt. Es waren keine Reserven vorhanden. Jeder Punkt der Westerplatte lag nämlich in der Hauptkampflinie. Der verteidigte Abschnitt der Halbinsel, knapp

36 Kręgielski, in: Flisowski, S. 236 ff.
37 Gryczman, in Flisowski, S. 109.

1 km tief und 400 m breit, mußte nach allen Seiten hin gehalten werden. Der ununterbrochene Dienst auf den Gefechtsstellungen führte zur physischen Erschöpfung der Besatzung. Seit dem 2. September wurden die Soldaten einförmig und unregelmäßig (nachts) verpflegt, was die Müdigkeit noch steigerte[38].«
Nachdem die Küche durch den Bombenangriff zerstört worden war, gab man in begrenzter Menge Konserven und Schmalz sowie Wasser aus dem Reservebrunnen im Keller aus. Versuche am 4. September, warm abzukochen, hatten durch den Rauch das Artilleriefeuer auf die Kaserne gezogen. Danach wurde nur noch Kaltverpflegung ausgeteilt[39].

Die Verantwortung lastet schwer auf Major Sucharski und den anderen Offizieren im Befehlsstand der Westerplatte. Im Gegensatz zur Truppe kennen die wenigen Offiziere die ernste Lage der Westerplatte, aber aufgrund der empfangenen Radionachrichten auch den Gesamtverlauf des Krieges[40]. Möglicherweise hatte der Kommandant einige der ihm von Oberstleutnant Sobociński bei dem Besuch am Tage vor Kriegsausbruch gegebenen Informationen für sich behalten.

Die Lage auf der Westerplatte sowie das Wissen, daß kein Entsatz kommen würde, zwangen Major Sucharski, sich erneut zu fragen, ob weiterer Widerstand sinnvoll sei. Er beschloß, diese heikle Frage auf einer Zusammenkunft oder, genauer, Lagebesprechung zu prüfen. Diese Beratung fand wahrscheinlich am Nachmittag des 5. September im Proviantlager statt[41].

An der Besprechung nahmen außer dem Kommandanten sein Stellvertreter Dąbrowski, der Arzt Dr. Słaby, der Adjutant Grodecki, der Artillerieoberfeldwebel Piotrowski, die Oberfeldwebel Szewczuk und Pełka, der Feldwebel Rasiński sowie der Obergefreite Zdunkiewicz teil. Keiner von ihnen tat direkt an der Front Dienst.

Einleitend stellte Sucharski kurz die Lage dar. Dann berichtete Rasiński, dem die Funkstation unterstand, gestützt auf die empfangenen Rundfunkmeldungen über die Lage in Polen. Er be-

38 Sucharski, in: Flisowski, S. 52.

39 Dąbrowski/Grodecki, in: Flisowski, S. 335.

40 Rzepniewski, S. 360. Sucharski, in: Flisowski, S. 52 f.

41 Beratung am 5. 9.: Piotrowski, in: Flisowski, S. 300 f. Witkowski, S. 90, Anm. 40, verweist auf die Darstellung Dąbrowskis über sein Auftreten.

tonte, weiterer Widerstand sei sinnlos, da ein großer Teil Polens bereits besetzt sei und die deutschen Vorhuten sich Warschau näherten. Dieser Auffassung schlossen sich Piotrowski und Zdunkiewicz an.
Grodecki dagegen, der laut Piotrowski noch an einen Sieg glaubte, widersetzte sich der Einstellung des Kampfes. Sucharskis Stellvertreter Dąbrowski, der konsequent dagegen war, die Waffen niederzulegen, verließ demonstrativ den Raum und schlug die Tür hinter sich zu. Nach eigener Angabe wollte er durch diese Geste verhindern, daß sich unentschlossene oder zur Aufgabe bereite Unteroffiziere äußerten. – Da die Meinungen geteilt waren, beschloß Sucharski, den Kampf fortzusetzen.
Gegen 20.00 Uhr am Abend des 6. September wurde in der Kaserne Alarm gegeben[42]. Panzer näherten sich über die Landzunge. Die Panzerabwehrkanonen wurden besetzt. Die Munitionsgurte der Maschinengewehre wurden mit panzerbrechender Munition geladen. Der Einsatz von Handgranaten wurde vorbereitet.
Was man für feindliche Panzer gehalten hatte, war ein Tankwagen. Er kam nicht weit, weil die Polen in der ersten Nacht nach Kriegsausbruch die Gleise aufgerissen hatten. Das Wachhaus Nr. 1 und die Panzerabwehrkanonen eröffneten das Feuer, das die Schneise entlang der Bahnlinie deckte. Eine heftige Explosion erfolgte. Die Flammen schlugen bis in die höchsten Baumkronen empor. Der starke Feuerschein beleuchtete die deutschen Stellungen, die so der polnischen Besatzung ein gutes Ziel boten[43]. An der Stelle der Explosion brannte es bis zum Morgengrauen. Doch das Feuer breitete sich in dem umliegenden, feuchten und mit Buchen bewachsenen Gelände nicht aus.
Nach polnischer Auffassung wäre die Wirkung eine ganz andere gewesen, wenn der wahrscheinlich mit Rohöl gefüllte Waggon den weiter zurückgelegenen, mit Nadelwald bewachsenen, trockenen Teil der Westerplatte erreicht hätte. Sie glaubten, dies sei die Absicht der Deutschen gewesen. Durch das Niederbren-

42 Für »den Versuch mit dem Tankwagen« am 6. 9. wird auf Witkowski, S. 90 f., verwiesen, wenn nicht anders erwähnt. Witkowski hat u. a. den bei Flisowski gedruckten Bericht des Obergefreiten Buder (Wachhaus Nr. 1) herangezogen.

43 Sucharski, in: Flisowski, S. 53, und Dąbrowski, in: Flisowski, S. 78 (Wirkung des Feuerscheins).

nen des Waldes sollte die Artillerie freies Schußfeld erhalten, um die Kaserne und die Wachhäuser ausschalten zu können. So sollte die Kapitulation erzwungen werden.

Witkowski meint, es sei nicht geklärt, wie es zur Explosion gekommen sei. Sie könnte von den Deutschen durch Zeitzündung oder vielleicht durch die Flammenwerfer der Pioniere ausgelöst worden sein[44].

Die rollende Riesenbrandbombe war gleichsam das alles überschattende Ereignis am 6. September. Sonst verläuft der Tag wie die vorangegangenen mit Artilleriefeuer von unterschiedlicher Stärke, Streifen, ergebnislosen Vorstößen und Angriffen seitens der Deutschen. Die Feindeinwirkung bedingt viele Verwundete. Einige Fälle von Wundbrand treten ein. Die deutschen Nachrichten berichten über den allgemeinen Rückzug der polnischen Streitkräfte, über die Besetzung Thorns, Kielces und Krakaus sowie über den fortgesetzten Vormarsch und weitere Erfolge[45].

Spät am Abend, nach dem mißglückten Versuch der Deutschen, den Wald anzuzünden, setzt Major Sucharski eine neue Besprechung an. Sie findet aus demselben Anlaß wie die vorherige statt, nämlich um zu diskutieren, ob es sinnvoll sei, weiterhin Widerstand zu leisten. Der Personenkreis ist jedoch ein anderer. Diesmal versammelt sich ein kleinerer Kreis, dem alle Offiziere angehören, mit Ausnahme des schwerverwundeten Oberleutnants Pająk; Fähnrich Kręgielski ist also hinzugekommen[46].

Es ist interessant, daß Sucharski zu dieser letzten Beratung einen engeren und homogeneren Kreis sammelt. Vertreter der Unteroffiziere sind nicht dabei. Die Mannschaften waren bei keiner der beiden Besprechungen vertreten. Nach Wroński wurde der Inhalt der Beratungen einschließlich der Meinungsverschiedenheiten darüber, ob der Widerstand fortgesetzt werden sollte oder nicht, geheimgehalten. Die Soldaten erfuhren also nicht, was besprochen wurde, und es konnte somit ihre Kampfmoral nicht beeinflussen[47]. Sucharski schreibt, er sei von den Sol-

44 Witkowski, S. 91, Anm. 43.

45 Wroński, Polskie Siły Zbrojne, S. 132. Dąbrowski/Grodecki, in: Flisowski, S. 336.

46 Witkowski, S. 91. Nach dem Bericht von Piotrowski, der sich in Flisowskis Buch findet, nahmen an dieser Beratung dieselben Personen teil wie an der am 5. 9. Witkowski, Anm. 44.

47 Wroński, Polskie Siły Zbrojne, S. 132, Anm. 1.

daten häufig gefragt worden, wann die versprochene Hilfe eintreffen werde. Wie erwähnt, hatte Oberst Hoszowski ein Entsatzversprechen gegeben. Die unterschiedliche Kenntnis der Offiziere und Mannschaften von der Lage habe ihn und andere Offiziere gegenüber den Mannschaften in eine unangenehme Lage gebracht[48]. Sie wurde durch den für die Mannschaften überraschenden Entschluß zur Kapitulation am nächsten Tag noch verschärft.

Auch auf dieser Zusammenkunft konnte keine Einigkeit erzielt werden. Major Sucharski beschließt daraufhin, den Kampf abzubrechen, falls sich der Zustand der Verwundeten noch weiter verschlechtert und das Verteidigungssystem durch Feindeinwirkung noch mehr zerstört wird. – In der Nacht liegt der Außenposten »Przystan« unter schwerem Feuer. Gegen das Wachhaus Nr. 1 und »Fort« werden Vorstöße unternommen[49].

Den Endkampf am 7. September erlebte die Besatzung der Westerplatte wie die Kämpfe am ersten Tag, allerdings unter erheblich verschlechterten Voraussetzungen. Die in Flisowskis Buch abgedruckten polnischen Berichte geben die Ereignisse dieses Tages nur sehr summarisch wieder. Ausnahmen bilden die Berichte Major Sucharskis und Fähnrich Kręgielskis. Sie ergänzen einander, vor allem, was die Schilderung der Lage zum Zeitpunkt der Kapitulation betrifft: Sucharski stellt sie aus der Sicht des Kommandanten der im Mittelpunkt liegenden Kaserne dar, Kręgielski aus der Sicht der Besatzung einer vorgeschobenen Stellung. Zuerst referieren wir Sucharskis Darstellung[50].

Zwischen 04.30 und 07.00 Uhr lag die Westerplatte unter ungewöhnlich heftigem Feuer[51]. Ab 07.00 Uhr wurde es in Form einer Feuerwalze von Ost nach West über das Vorgelände verlegt. Kurz danach erfolgte der deutsche Angriff. Die Infanterieabteilungen waren mit Infanteriegeschützen und Flammenwerfern ausgerüstet. Die vorderen Einheiten näherten sich der

48 Sucharski, in: Flisowski, S. 53. Die Schwierigkeit, von der Kaserne aus mit den Wachhäusern und Unterständen Verbindung zu halten, erleichterte es andererseits, den Soldaten konsequent die Nachrichten über die wirkliche, hoffnungslose Lage vorzuenthalten.

49 Dąbrowski, in: Flisowski, S. 79.

50 Sucharski, in: Flisowski, S. 53 ff., wenn nicht anders angegeben.

51 Um 08.50 Uhr am 7. 9. funkte Admiral Unrug dem polnischen Hauptquartier: »Heute wurde die Westerplatte eine Stunde lang mit schwerer Artillerie beschossen.« Wroński, Polskie Siły Zbrojne, S. 132, Anm. 1.

Hauptkampflinie bis auf Sturmabstand. Sie mußten um jeden Preis zum Stehen gebracht werden, da es an Mitteln fehlte, einen Nahkampf zu führen. Nach einer Stunde brach der deutsche Angriff zusammen. Aber das Verteidigungssystem war schwer beschädigt worden.

Das Wachhaus Nr. 2 war zerstört und die Besatzung unter den Trümmern begraben worden. Es gelang den Polen, sich auszugraben, nicht aber, sich zur Kaserne zurückzuziehen, da deutsches Maschinengewehrfeuer den Weg dorthin versperrte. Die Besatzung, von der etliche verwundet waren, war daher gezwungen, an der Kanalböschung zu bleiben. Die Wachhäuser Nr. 1 und Nr. 4 waren schwer beschädigt. Die Munition war nahezu verschossen[52]. Es fehlte an der einfachsten medizinischen Ausrüstung zur Versorgung der Verwundeten. Das immer stärkere Geschütz- und Mörserfeuer konnte seit fünf Tagen nicht mehr erwidert werden; eine erzwungene Passivität, die sich lähmend auswirkte.

In dieser Situation und in Kenntnis der allgemeinen Lage in Polen beschloß Sucharski zu kapitulieren. Er unterrichtete seine Untergebenen von diesem Entschluß und ließ eine weiße Flagge zeigen. Nach einer Weile wurde das deutsche Feuer eingestellt.

Nach Witkowski wurde der Befehl, den Kampf einzustellen, in den Wachhäusern und Unterständen zuerst mit Überraschung und Mißtrauen und, nachdem die Soldaten seine Bedeutung erkannt hatten, mit Verzweiflung aufgenommen. Man verlangte sogar, daß der Kommandant ihn schriftlich bestätigte[53]. Hier folgt die von Witkowski teilweise wiedergegebene Beschreibung Fähnrich Kręgielskis über die spontane Reaktion auf dem Unterstand »Przystan«[54].

Gegen 09.00 Uhr schickte Kręgielski einen Mann zur Kaserne, um zu melden, daß man bisher keine Verluste erlitten habe. Der Meldegänger kehrte mit dem Kapitulationsbefehl zurück. Kręgielski versammelte seine Truppe, mußte aber nach Worten

52 Sucharskis vage Angabe über den tatsächlichen oder erwarteten Munitionsmangel ist wohl in erster Linie als ein weiteres Argument für die Kapitulation aufzufassen. Nach Angabe des Artillerieoberfeldwebels Piotrowski, war noch genug Munition für die Handfeuerwaffen vorhanden. Piotrowski, in: Flisowski, S. 293 ff.

53 Witkowski, S. 95.

54 Kręgielski, in: Flisowski, S. 239 f.

ringen, als er zu ihr sprechen wollte. Die Soldaten standen übermüdet, unrasiert und kaum Menschen ähnlich vor ihm. Die sieben Kampftage hatten sie gezeichnet. – »Hört her – auf Befehl der Führung ergeben wir uns.«
Das war ein harter Schlag. Die Männer hatten an ein siegreiches Ende des Kampfes geglaubt. Aber jetzt erschien der Kampf als vergeblich. Verwirrte Fragen und Rufe waren zu hören: »Weshalb ergeben wir uns?« – »Man wird uns doch hier befreien.« »Einen Tag können wir noch aushalten.« Kręgielski war gezwungen, die Wahrheit zu sagen, nämlich daß die Deutschen ins Innere Polens vorgedrungen waren. Aber die Soldaten wollten ihm zunächst nicht glauben. Sie hatten eine völlig andere Auffassung von der Lage. Die kleine Truppe trat an und erwartete die Deutschen[55].
Zurück zu Sucharski. Er hatte inzwischen Befehl gegeben, alle sollten ihre Stellungen verlassen und sich bei der Kaserne versammeln[56]. Dort unterrichtete er zum erstenmal die ganze Besatzung über die Lage im Land und auf der Westerplatte. Er dankte allen für ihren Einsatz. Ein Gebet für die Gefallenen wurde gesprochen und das Lied »Ruhe sanft, Kamerad«, schloß das kurze Zeremoniell gegen 10.00 Uhr ab. Nachdem er seinen Stellvertreter vorübergehend den Befehl übertragen hatte, begab er sich zusammen mit dem Artillerieoberfeldwebel Piotrowski zu den deutschen Linien, um mit dem zuständigen Befehlshaber die Kapitulationsbedingungen zu besprechen[57].
Abschließend berichtet Sucharski, wie er auf dem Weg zum Kommandeur der angreifenden deutschen Einheit zunächst von einem deutschen Offizier sehr rüde behandelt wurde, ihm dann aber Oberstleutnant Henke, der Kommandant der »Schleswig-Holstein«, Kleikamp, und General Eberhardt großen Respekt bezeigten. In Anerkennung des von den Polen geleisteten Widerstands gaben die Deutschen Sucharski seinen Säbel zurück

55 Es mag zweifelhaft scheinen, ob der »Kampfwille«, den die Besatzung nach Angabe Kręgielskis auch nach sieben Kampftagen noch ausdrückte, repräsentativ für die ganze Besatzung der Westerplatte war. In anderen Stellungen mag Sucharskis Kapitulationsbefehl mit Erleichterung aufgenommen worden sein. Angaben darüber finden sich jedoch nicht in den von Flisowski gedruckten Berichten.

56 Fortsetzung des Berichtes von Sucharski, in: Flisowski, S. 54 f.

57 Nach Flisowski, S. 54, Anm. 13, weigerten sich die anderen Offiziere, an den Kapitulationsverhandlungen teilzunehmen.

»mit dem Recht, ihn während der Gefangenschaft zu tragen.« Auf Befehl der Deutschen verließ die übrige Besatzung, geführt von Dąbrowski, die Westerplatte. Die Verwundeten wurden in Lazarette und die anderen – später – in Gefangenenlager abtransportiert. Die Gefallenen waren provisorisch begraben worden, u. a. in den zerstörten Wachhäusern[58]. Major Sucharski selbst erhielt den Auftrag, die Verteidigungsanlagen an eine von Henke geleitete Militärkommission zu übergeben. Als die Besatzung abmarschierte, ertönte das Kommando »Achtung«, und die deutschen Heeres- und Marineeinheiten »grüßten militärisch«, notiert Sucharski abschließend in seinem Bericht.

Die hier gebotene Schilderung des polnischen Verteidigungskampfes kann zu vielen Fragen und Überlegungen Anlaß geben.

Man kann sich etwa fragen, wieso die polnischen Verluste trotz einwöchiger Feindeinwirkung nicht höher waren. Flisowski beziffert sie auf 15 Gefallene, 13 Schwer- und 25 bis 40 Leichtverwundete[59].

Der Flottenchef Unrug erklärt diese verhältnismäßig geringen Verluste weitgehend mit der Planung und Konstruktion der verschiedenen Verteidigungsanlagen[60]. Es ist daran zu erinnern, daß die Westerplatte in erster Linie ein für die Benutzung in Friedenszeiten vorgesehenes Durchgangslager war. Ihre heimliche Verstärkung mit den sogenannten Wachhäusern hatte nur um den Preis eines verhältnismäßig geringen Schutzes geschehen können. Dennoch boten die Verteidigungsanlagen einen gewissen Schutz gegen schwere Bomben und Granaten. Gegen letztere bildete der dichte Wald lange einen Vorhang.

Die verhältnismäßig geringen Verluste erklären sich auch durch die spezielle Kampfführung. Die Besatzung schoß nach einem immer gleichen Plan von festen Verteidigungsstellungen aus. Und sie konnte sich an diesen Plan halten, da der Gegner im wesentlichen immer auf die gleiche Weise angriff. Die Besatzung der Westerplatte führte, dem polnischen Material nach zu schlie-

58 Als Offiziere der »Schleswig-Holstein« die Westerplatte besuchten, sah man provisorische Gräber bei den Wachhäusern und bei der Kaserne. Pelczar/Aurich, S. 34, 36.

59 Flisowski, S. 30 f.

60 Unrug, S. 4 f.

ßen, nur einmal einen beweglichen Kampf, nämlich als sie einen Gegenangriff auf das Wachhaus der Schutzpolizei unternahm. Und dieser Vorstoß wurde teuer bezahlt.

Auch wenn man zu den Gefallenen und Verwundeten die Geschockten hinzuzählt, war es nicht die Zahl der Kampfuntauglichen, die Sucharski zur Kapitulation veranlaßte. Entscheidend war vielmehr der Zustand der Schwer- und Leichtverwundeten sowie der übrigen, total erschöpften Leute. Hinzu kamen die Zerstörung des Verteidigungssystems und die allgemeine Lage in Polen.

Interessant ist ein Passus in Sucharskis Schilderung des deutschen »Angriffs« am 7. September. Er mußte »um jeden Preis« zum Stehen gebracht werden, da man keinen Nahkampf führen konnte. Nachdem das erreicht war, kapitulierte er. Falls dieser oder ein folgender Angriff erfolgreich gewesen wäre, hätten die Verteidiger »ermordet« werden können, schreibt Rzepniewski. Diese Befürchtung kann also zum Kapitulationsentschluß beigetragen haben[61].

In seiner Ergänzung zur eigentlichen Darstellung des Kampfes berichtet Sucharski, was er nach eigenen Angaben später über das Schicksal der polnischen Post in Danzig gehört hat. Die militärisch ausgebildeten Beamten verteidigten dieses Widerstandsnest den ganzen 1. September über. Gegen Abend pumpten die Deutschen Treibstoff in den Keller. Kombattanten und Zivilisten, die meisten von ihnen verwundet, kamen in den Flammen um[62].

Bis zum Luftangriff am folgenden Tag hatte die Westerplatte Verbindung mit der Außenwelt. Sucharski dürfte daher zumindest über den Ausgang des Kampfes um die Post unterrichtet gewesen sein, ob auch über die Einzelheiten, ist dagegen unsicher. Sie und die Westerplatte waren die einzigen Punkte in Danzig, wo aktiver polnischer Widerstand geleistet wurde[63].

Immer mehr verstärkt sich der Eindruck, Sucharski sei ein von seinen Untergebenen isolierter, aber gut unterrichteter Kommandant gewesen. Verantwortlich für alle anderen und am be-

61 Rzepniewski, S. 362.

62 Sucharski, in: Flisowski, S. 56. B. S., Interview mit Witkowski beim Besuch der Post, die noch in Gebrauch ist, am 9. 3. 1978.

63 Bethell, S. 2.

sten über die Lage auf und außerhalb der Westerplatte informiert, erscheint er in der obigen Darstellung – zu Recht oder Unrecht – als Fürsprecher der Kapitulation. Auf der anderen Seite steht sein Stellvertreter Dąbrowski, der den Widerstandswillen zu verkörpern scheint.

Ihr Herkommen und ihre Dienststellung auf der Westerplatte waren grundverschieden. Allein das mag ausreichen, um ihre unterschiedliche Einstellung zu erklären. Aber es mag andere Erklärungen geben. Falls Major Sucharski als einziger den Befehl kannte, 12 Stunden Widerstand zu leisten, muß der verlustbringende Luftangriff am 2. September eine schwere psychische Belastung für ihn gewesen sein. Unmittelbar danach fühlte er auch zum erstenmal bei seinen Kameraden vor, wie sie über eine Kapitulation dächten.

11. Analyse des Kampfes und der Berichterstattung

Eine vergleichende Analyse der Angaben der deutschen und polnischen Quellen kann weitere Aufschlüsse über Umstände und Verlauf der Kämpfe geben. Doch muß hier zunächst nochmals der grundsätzlich verschiedene Charakter dieser Quellen betont werden. Das polnische Quellenmaterial ist ausschließlich nach 1945 entstanden. Das deutsche dagegen ist zeitgenössisch und stammt bis auf zwei Ausnahmen von offizieller Seite[1]. Was Angaben über Zeit, befohlene und durchgeführte Maßnahmen usw. betrifft, ist das deutsche Material dem polnischen zweifellos überlegen. Doch fehlen derartige Quellen für einige Einheiten und Stäbe, vor allem für die Truppen Danzigs sowie für einige Verbände und Stäbe der Luftwaffe. Deshalb müssen einige Fragen weiterhin unbeantwortet bleiben oder können nur mit Hilfe der polnischen Quellen mit mehr oder weniger Wahrscheinlichkeit beantwortet werden. Das polnische Material ist natürlich auch das einzig zur Verfügung stehende, um gewisse polnische Beurteilungen und Maßnahmen zu schildern. Außerdem vermitteln die polnischen Quellen sehr viel direkter als die offiziellen deutschen Dokumente einen Eindruck von der physischen und psychischen Belastung während der Kämpfe.

1 Die Ausnahmen sind das Tagebuch Heinsius' und vor allem das Aurichs. Weybel-Altmeyer bringt in seinem in der deutschen Illustrierten Quick erschienenen Artikel, teilweise mit Zitaten, Angaben von vier ehemaligen deutschen Soldaten der Marinestoßtruppkompanie über die Angriffe auf die Westerplatte. Wie weit er wirklich die Angaben dieser Personen – die natürlich außerdem die üblichen Fehler späterer Berichte aufweisen – wiedergibt, ist jedoch zweifelhaft. Er hat nämlich auch das Kriegstagebuch der »Schleswig-Holstein« herangezogen, von dem er aber fälschlich behauptet, es sei nicht vollständig überliefert. Auch hat er offensichtlich die Zeit- und Tatsachenangaben der vier ehemaligen Angehörigen der Marinestoßtruppkompanie nicht mit dem Kriegstagebuch verglichen, zumindest dann nicht, wenn die Angaben des Kriegstagebuchs nicht in seine Linie paßten. Noch bedenklicher ist, daß er, offenbar des Effekts wegen, unvollständige, aus dem Zusammenhang gerissene und mitunter völlig falsche Zitate aus dem Kriegstagebuch anführt.

Zunächst betrachteten sowohl die Polen als auch die Deutschen die Westerplatte als militärisch unbedeutend. Polnischerseits war man aus politischen Gründen darauf eingestellt, sie nur für eine begrenzte Zeit, die schließlich auf 12 Stunden festgesetzt wurde, zu verteidigen. In Danzig und Deutschland hatten die Wehrmachtteile unterschiedliche Ansichten darüber, wie man handeln sollte. Die Landstreitkräfte in Danzig meinten, man solle den polnischen Außenposten lediglich bewachen. Aber die Marinefachleute der Stadt erklärten den Stäben der deutschen Kriegsmarine und der »Schleswig-Holstein«, die Danziger Verbände würden sofort beim Überfall auf Polen die Westerplatte angreifen.

Offenbar war die Zusammenarbeit zwischen den höheren Heeres- und Marineoffizieren in Danzig mangelhaft. Außerdem berichteten sie unabhängig voneinander an ihre entsprechenden deutschen Wehrmachtteile, die aber anscheinend die ihnen zugehenden Nachrichten auch nicht miteinander verglichen. Die Folge war, daß die Deutschen die »Schleswig-Holstein« nach Danzig entsandten mit dem hauptsächlichen Auftrag, den die polnische Verteidigung nördlich der Stadt angreifenden Danziger SS- und Polizeiverbänden Artillerieunterstützung zu geben. Dabei übersahen sie, daß die »Schleswig-Holstein« die Westerplatte passieren mußte, um die für die Artillerieunterstützung nötige Feuerstellung einnehmen zu können. Die Marine aber ging davon aus, die Westerplatte werde zuvor von den Danziger Verbänden genommen werden.

Erst nachdem die »Schleswig-Holstein« am 25. August in Neufahrwasser eingelaufen war, erfuhr der Kommandant, Kapitän z. S. Kleikamp, daß die Danziger Verbände nicht beabsichtigten, die Westerplatte zu nehmen. Er sah sich daher gezwungen, dieses Hindernis für die Lösung seiner Hauptaufgabe mit eigenen Mitteln zu beseitigen. Aufgrund der mangelhaften deutschen Zusammenarbeit erhielt nun die Westerplatte – was die Polen allerdings nicht wußten – eine wichtigere militärische Bedeutung[2]. Solange die Polen dort Widerstand leisteten, konn-

[2] Die polnische Forschung geht von der scheinbar selbstverständlichen Annahme aus, die »Schleswig-Holstein« sei entsandt worden, um die Westerplatte anzugreifen. Das behauptet auch Denne, S. 283, der sich auf einen Brief des letzten Hohen Kommissars des Völkerbunds, Burckhardt, stützt.
Fortsetzung auf S. 125

te die »Schleswig-Holstein« nicht die vorgesehene Artillerieunterstützung geben, welche die Danziger Verbände auch immer wieder forderten.

Außer der Schiffsartillerie konnte Kleikamp eine 225 Mann starke Marinestoßtruppkompanie gegen die Westerplatte einsetzen. Diese Spezialtruppe war auf Befehl des Oberbefehlshabers der deutschen Kriegsmarine, Raeder, an Bord genommen worden, um das Schiff, während es im Hafen von Danzig lag, gegen eventuelle polnische Angriffe zu schützen.

Am Nachmittag des 25. August besprachen Kleikamp und einige weitere Offiziere, unter ihnen der Befehlshaber der Danziger Verbände, Generalmajor Eberhardt, den Angriff auf die Westerplatte. Nach einem kurzen Feuerüberfall sollte die Marinestoßtruppkompanie über die Landzunge angreifen. Keiner der Offiziere glaubte, dies sei eine besonders schwierige Aufgabe. Möglicherweise war man in gewissem Maße von der etwas großsprecherischen Einstellung der Danziger Polizei beeinflußt, die der Musikmeister der »Schleswig-Holstein«, Aurich, bezeugt. Nach Ansicht der Danziger Polizei konnte man die Polen in zehn Minuten von der Westerplatte vertreiben[3].

Jedenfalls wurde der Entschluß anzugreifen aufgrund äußerst

Fortsetzung von S. 124

In seinen Erinnerungen gibt Burckhardt, S. 351, an, der Kreuzer (!) »Schleswig-Holstein« habe Danzig besucht. Dessen Kommandant, dessen Namen er nicht nennt, habe ihm auf einem Empfang anvertraut, er habe einen schrecklichen Auftrag, der gegen sein Gewissen verstoße. Burckhardt fügt hinzu, der Kommandant sei sicher als Verräter erschossen worden, wenn bekannt geworden wäre, was er ihm anvertraut hatte, aber andererseits habe er dann doch am Morgen des 1. Septembers seinen Kreuzer(!) das Feuer auf die Westerplatte eröffnen lassen.

Nach BA-MA M 887/48503: Kriegstagebuch der »Schleswig-Holstein«, nahm Kleikamp am Abend des 27. August von etwa 20.00 bis 23.30 Uhr zusammen mit 14 seiner Offiziere an einem Empfang bei Burckhardt teil. Natürlich enthält das Kriegstagebuch nichts über eine eventuell Burckhardt gegenüber gemachte Äußerung. Es scheint außerdem sehr zweifelhaft, daß sich Kleikamp in der von Burckhardt angegebenen Weise geäußert haben sollte. Aber falls er etwas sagte, kann er sich damit schwerlich auf den Angriff gegen die Westerplatte bezogen haben. Dafür hatte er keinen Befehl erhalten, sondern zu diesem Angriff hatte er sich entschließen müssen, nachdem er in Danzig eingetroffen war.

Auch Weybel-Altmeyer behauptet fälschlich, der Angriff auf die Westerplatte sei der eigentliche Auftrag der »Schleswig-Holstein« gewesen, obwohl er angibt, das Kriegstagebuch des Schiffes eingesehen zu haben.

[3] Pelczar/Aurich, S. 24.

mangelhafter Nachrichten über den Feind gefaßt. Die Stärke der polnischen Besatzung wurde auf 150 bis 200 Mann geschätzt. Aber man wußte nichts über ihre Bewaffnung und über die Verteidigungsanlagen.

Die deutsche Wehrmacht besaß allerdings recht genaue Angaben über die polnische Verteidigung auf der Westerplatte. Aber das OKM hatte vergessen, sie Kleikamp auszuhändigen. Er selbst versuchte vergeblich, in Danzig genauere Informationen über sein Angriffsziel zu erhalten. Nur einige Luftaufnahmen konnten am 28. August gemacht werden, und am 31. August erhielt er eine alte Karte im Maßstab 1:1 000.

Erst nachdem am Morgen des 1. September zwei Angriffe fehlgeschlagen waren, sahen die Deutschen ein, daß sie die Stärke und den Widerstandswillen des isolierten polnischen Außenpostens erheblich unterschätzt hatten. Diese Unterschätzung schlug nun in eine entsprechende Überschätzung um. Ein neuer Angriff sollte erst unternommen werden, nachdem große Verstärkungen herangeführt, vor allem aber erst nachdem sorgfältig aufgeklärt worden war. Besonders der Kommandeur eines später eingesetzten Pionierverbandes, Oberstleutnant Henke, betonte, daß erst sorgfältige Aufklärung betrieben werden müsse. Erst am Morgen des 7. September war er bereit, eine gewaltsame Aufklärung vorzunehmen. Die Polen faßten sie als einen Sturmangriff auf und betrachteten folglich die planmäßige Zurücknahme der deutschen Truppe als einen polnischen Verteidigungserfolg. Aber dann beschloß der Kommandant der Westerplatte, Major Sucharski, zur Überraschung der Deutschen, zu kapitulieren.

In diesem Zusammenhang ist auch darauf hinzuweisen, daß Deutsche und Polen niemals in Nahkämpfe verwickelt waren. Deshalb wurden auch keine Gefangenen gemacht, die man hätte befragen können.

Der unerwartete Widerstand der Westerplatte führte nun dazu, daß es für die deutsche politische Führung zu einer Frage des Prestiges wurde, die Polen so schnell wie möglich von dort zu vertreiben. Bereits um die Mittagszeit des 1. September reagierte Göring. Und am 2. September befahl Hitler, im Hinblick auf die Propagandawirkung die Westerplatte noch am selben Tag zu nehmen. Dieser Befehl erreichte jedoch Generaloberst

v. Bock, dem als Oberbefehlshaber der Heeresgruppe Nord am Morgen desselben Tages aufgetragen worden war, die weiteren Operationen gegen die Westerplatte zu leiten, erst auf Umwegen. In seinen Telefongesprächen mit dem OKH betonte er, es sei schon rein zeitlich unmöglich, den Befehl noch am selben Tag auszuführen. Es gelang auch, Hitler davon zu überzeugen. Doch bestand er darauf, der Angriff gegen die Westerplatte sollte so schnell wie möglich durchgeführt werden. Erst am 4. September stimmte er dem Vorschlag zu, den örtlichen Befehlshaber, d. h. Generalmajor Eberhardt, entscheiden zu lassen, wann ein neuer Angriff unternommen werden solle. Das OKH hatte Hitler gegenüber die ungeheuere Stärke der polnischen Verteidigung hervorgehoben, von der es aufgrund der Meldungen Henkes und Eberhardts überzeugt war. Angesichts der Gefahr, durch einen überstürzten Angriff einen erneuten Rückschlag zu erleiden, hatte Hitler seinen Befehl geändert.

Aber zwischen dem 1. und 4. September gab es auf deutscher Seite ein langes Hin und Her, und man hielt sich dabei keineswegs immer an den Dienstweg. Im Kriegstagebuch der Heeresgruppe Nord kommentierte später der Chef des Generalstabes des Heeres, General der Artillerie Halder, die Darstellung der Diskussionen über die Westerplatte: »Ein Beispiel, ›wie man nicht führen soll‹.«

Das deutsche Prestigedenken führte dazu, daß die Operationen gegen die Westerplatte teilweise nicht aufeinander abgestimmt wurden. In seiner Eigenschaft als Oberbefehlshaber der Luftwaffe befahl Göring am 1. September, einen Luftangriff durchzuführen. Während der Nacht setzten sich auch die höchsten zuständigen deutschen Befehlshaber, Generaladmiral Albrecht und General Kesselring, miteinander in Verbindung. Sie einigten sich darauf, die Westerplatte am Morgen des 2. September zu bombardieren. Dem Luftangriff sollte ein Infanterieangriff der Marinestoßtruppkompanie folgen. Aber am Morgen des 2. Septembers befahl das OKW über die Seekriegsleitung, die Befehle der Heeresgruppe Nord abzuwarten, der die Leitung der weiteren Operationen gegen die Westerplatte übertragen worden war. Göring erließ jedoch einen erneuten Befehl für Kesselring, die Westerplatte mit Stukas anzugreifen. Der Angriff wurde am Abend desselben Tages durchgeführt, aber ein

Infanterieangriff, der ihm hätte folgen können, war nicht vorbereitet worden.

Die deutsche Luftwaffe verließ sich wahrscheinlich auf die in der Vorkriegszeit beschafften Feindnachrichten und gab, auf sie gestützt, die Ziele für die eingesetzten Flugzeuge an. Dagegen hatte das deutsche Heer, ebenso wie zuvor die Marine, diese Informationen entweder einfach vergessen oder mochte sich nicht länger auf sie verlassen. Jedenfalls wurden sie nicht an Oberstleutnant Henke weitergeleitet, der am 2. September mit seinen Pionieren nach Danzig transportiert wurde.

Ein Vergleich der Angaben der polnischen und deutschen Quellen über den Kampfverlauf erhellt weiter, was geschah. Die Polen fühlten sich einem ständigen Druck und einer ununterbrochenen Kampftätigkeit seitens der Deutschen ausgesetzt. Nicht zuletzt glaubten sie, viel länger und heftiger durch die »Schleswig-Holstein« beschossen worden zu sein, als es tatsächlich der Fall war. Das mag teilweise damit zu erklären sein, daß man auch die von der »Schleswig-Holstein« den nördlich von Danzig angreifenden Truppen einige Male gewährte Artillerieunterstützung als gegen die Westerplatte gerichtet auffaßte. Vor allem aber dürfte das Feuer der Schiffsartillerie die polnischen Verteidiger so beeindruckt haben, daß sie es als viel anhaltender in Erinnerung haben, als es wirklich war.

Die folgende Tabelle faßt Munitionsverbrauch und Dauer der Beschießungen des Schiffes zusammen:

Zahl der Granaten	28 cm	15 cm	8,8 cm	Zeit (Minuten)
1. Angriff	8	59	–	7
2. Angriff	90	407	366	35 + 26
gewaltsame Aufklärung	5	116	197	34 + 55

Außerdem schossen die Flakwaffen und einige an Land in Stellung gebrachte Maschinengewehre des Schiffes.

Der starke Munitionsverbrauch vor dem zweiten Angriff erklärt sich daher, daß Kleikamp, unmittelbar nachdem der erste Angriff fehlgeschlagen war, beschloß, noch einmal zu versuchen, die polnische Verteidigung aufzubrechen. Von der »Schleswig-Holstein« waren die polnischen Stellungen nicht auszumachen.

 Daher konnten sie trotz des äußerst geringen Abstands nicht

unter gezieltes Feuer genommen werden. Aber Kleikamp hoffte, der starke Artilleriebeschuß werde die Verteidiger derart zermürben, daß die Marinestoßtruppkompanie, die 40 bis 50 Mann verloren hatte, aber mit einem Zug SS-Heimwehr verstärkt worden war, einen erfolgreichen zweiten Angriff unternehmen könnte. Offenbar um den Polen keine längere Atempause zu gewähren, wurden die Kräfte nicht umgruppiert und die Angriffsrichtung nicht geändert.

Eine wichtige Absicht der Beschießung durch die Schiffsartillerie vor dem zweiten Angriff und viel später vor der gewaltsamen Aufklärung war, den Wald zu zerstören. Dadurch sollten die polnischen Verteidigungsanlagen freigelegt und die vermeintlichen Baumschützen ausgeschaltet werden. Während des ersten Angriffs kamen die Deutschen zu der Überzeugung, die polnischen Verteidiger hätten vielfach in den Bäumen Stellung bezogen. Die deutsche Taktik wurde entsprechend dieser Überzeugung gewählt, die so stark war, daß die Pioniere nach der gewaltsamen Aufklärung meldeten, sie hätten Baumschützen heruntergeschossen, die es aber nach den polnischen Quellen niemals gab.

Die Deutschen führten nur drei Angriffe gegen die Westerplatte, zwei am 1. September und den Erkundungsangriff am 7. September. Die Polen berichten, sie seien ständig angegriffen worden. Zwischen 13 und 16 Angriffe und Vorstöße hätten sie abgewiesen. Wahrscheinlich bietet die Beschreibung des polnischen Oberfeldwebels Gryczmann, nach der die Soldaten so erschöpft waren, daß sie sich einbildeten, Deutsche zu sehen, auf die sie dann schossen, die Erklärung für dieses Mißverständnis.

Umgekehrt glaubten die Deutschen, die Polen hätten zumindest während der ersten beiden Septembernächte Gegenstöße angesetzt. Auch hier dürfte es sich um einen Irrtum handeln.

Die Deutschen irrten sich auch über die polnische Taktik während ihres zweiten Angriffs. Die Polen führten den Kampf von festen Verteidigungsstellungen aus. Die Deutschen jedoch glaubten, sie hätten sie bewußt etwas vordringen lassen, um sie dann in den Flanken und im Rücken angreifen zu können.

Die Deutschen nahmen ferner irrtümlich an, die Westerplatte sei vermint, und die Verteidigungsanlagen seien durch unterirdische Gänge miteinander verbunden.

Die Polen erinnern sich ungenau an die Beschießung von See her am 4. September. Nur das Torpedoboot »T 196« und das Begleitboot der 3. Minenräumflottille, »von der Groeben«, schossen. Allerdings ist es wahrscheinlich, daß man auf der Westerplatte weitere Minensuch- und Minenräumboote sah. Daß einige polnische Berichte angeben, auch das Minensuchboot »M 1« habe geschossen, mag sich daher erklären, daß man dieses Boot am 7. September die Westerplatte von See her bewachen sah.

Es stellte sich übrigens heraus, daß das Feuer von See her Danzig gefährdete. Kleikamp, der versehentlich nicht davon unterrichtet worden war, daß diese Beschießung am 4. September stattfinden sollte, erwirkte auch sofort einen Befehl, der sie untersagte.

Die Polen haben auch eine undeutliche oder falsche Erinnerung an die Versuche der deutschen Pioniere, den Wald anzustecken. Drei derartige Versuche wurden unternommen – alle ergebnislos –, der erste um 03.00 Uhr am Morgen des 6. September. Offensichtlich erinnern sich die Polen nur an ihn, geben aber fälschlich an, er habe am Abend dieses Tages stattgefunden.

Schwieriger ist es dagegen, ein klares Bild über die Kämpfe zu erhalten, in die die Danziger Verbände verwickelt waren. Wie erwähnt, sind Kriegstagebücher dieser Verbände nicht überliefert. In dem übrigen deutschen Material finden sich nur vereinzelt Angaben über sie. Nur die spät entstandenen polnischen Berichte schildern ihre Tätigkeit.

Die Polen geben an, daß sie am Morgen des 1. September in Kämpfe mit der Danziger Polizei verwickelt waren. Einmal soll eine Streife die Besatzung des Wachhauses der Schutzpolizei beim Haupteingang zur Westerplatte vernichtet haben. Zum anderen soll eine Einheit der Polizei vom Hafenbecken der Westerplatte aus, also von hinten, einen Angriff gegen die Polen geführt haben. Schließlich hätten die Polen einige Maschinengewehre der Danziger Polizei außer Gefecht gesetzt.

Im ersten Fall ist die polnische Auffassung wohl so zu erklären, daß man Danziger Polizisten mit deutschen Soldaten der Marinestoßtruppkompanie verwechselte. Der linke Zug der Stoßtruppkompanie ging entlang der Ziegelmauer vor und dürfte die Einbuchtung erreicht haben, in der das Wachhaus der Polizei lag. Von dessen Rückseite aus konnte zweifellos einigermaßen geschützt der in der Nähe liegende Unsterstand »Prom« von hinten beschossen werden. Zum Zeitpunkt des deutschen Angriffs befanden sich wahrscheinlich keine Polizisten im Wachhaus. Aus Kleikamps Befehlsgebung geht hervor, daß die Polizisten vor der Westerplatte spätestens eine Stunde vor Angriffsbeginn zurückgezogen werden sollten.

Aus der Befehlsgebung ist auch ersichtlich, daß die Danziger Verbände den Angriff mit vier auf der anderen Seite des Hafenkanals stehenden Maschinengewehren unterstützen sollten. Ihre genauen Stellungen werden jedoch nicht angegeben.

Zusammen mit sechs in Stellung gebrachten Maschinengewehren des Schiffes, deren Stellungen aus dem deutschen, nicht aber aus dem polnischen Material eindeutig hervorgehen, hätten also zehn Maschinengewehre die Westerplatte beschossen. Diese Zahl stimmt recht gut mit der polnischen Angabe überein, man sei von gut zehn Maschinengewehren beschossen worden. Dagegen ist sehr viel zweifelhafter, ob die Polen auch, wie sie behaupten, gut zehn Maschinengewehre mit dem 7,6-cm-Geschütz zum Schweigen gebracht haben[4]. Jedenfalls wurde das Geschütz nur gegen zwei der drei Maschinengewehrstellungen des Schiffes eingesetzt. Beide mußten die Stellung wechseln, konnten dann aber den Kampf fortsetzen.

In Kleikamps Befehlen werden keine Polizisten im Verwaltungsgebäude am Hafenbecken der Westerplatte erwähnt. Dort wird dieser zweite Posten der Schutzpolizei überhaupt nicht genannt. Es ist natürlich denkbar, daß die Danziger Polizei Kleikamp nichts von dort stationierten Leuten sagte. Doch ist dies wenig wahrscheinlich, da Kleikamp offensichtlich kontrollierte, daß keine Danziger Einheiten oder Stellungen in das Feuer der »Schleswig-Holstein« geraten konnten. Die polnischen Angaben können jedoch nicht ohne weiteres verworfen werden. Diese Frage muß somit als ungeklärt gelten.

Dies gilt auch für die polnische Angabe, die Besatzung des Unterstandes »Przystan« habe in der Nacht des 2. Septembers den

[4] Die Deutschen und die meisten Polen geben das Kaliber – offensichtlich falsch – mit 7,5 cm an.

Versuch einiger kleinerer Boote, den Hafenkanal zu überqueren, vereitelt[5].

Die internen Verhältnisse der Polen auf der Westerplatte während der sieben Kampftage können natürlich nur mit Hilfe des polnischen Materials, das von diskutablem Wert ist, beschrieben werden. Vor allem die Angaben zur Kapitulationsfrage sind äußerst unsicher. Daher ist es schwer, sich mit einiger Bestimmtheit über eventuelle Meinungsverschiedenheiten, die der Kapitulation vorausgingen, zu äußern. Wurden in dem kleinen Offizierkorps nach dem Luftangriff am 2. September zwei verschiedene Standpunkte vertreten – einer für und einer gegen die Kapitulation? Weshalb folgte man dann mindestens fünf Tage lang der zweiten Auffassung, obwohl die erste Ansicht anscheinend vom Kommandanten unterstützt wurde? Wurde der Stellvertreter des Kommandanten, Dąbrowski, nach diesem Datum der psychologische Führer, der tatsächlich bestimmte? Oder handelte der Kommandant Sucharski aufgrund der nur ihm bekannten Gesamtsituation und behielt in Wirklichkeit die Führung? War die negative Reaktion auf den Bescheid, man werde kapitulieren, im Unterstand »Przystan« eine Ausnahme von der allgemeinen Einstellung der Besatzung?

Einige der später von Sucharski gemachten Angaben werden in den deutschen Quellen bestätigt. Henke und Kleikamp sagte er, die Beschießung am 1. September und der Luftangriff am folgenden Tag seien eine harte Belastung gewesen. Durch den Bombenangriff sei die Funkstation zerstört worden, so daß er keine Verbindung mehr mit anderen polnischen Stäben und Verbänden gehabt habe. Die Beschießung durch die Schiffsartillerie habe schließlich die Besatzung demoralisiert. Auf die Deutschen machten die polnischen Soldaten einen apathischen und demoralisierten Eindruck, und nicht zuletzt Sucharski wirkte schwer mitgenommen.

Auch nach der Auswertung der deutschen und polnischen Quellen bleiben einige Punkte des Geschehens auf der Westerplatte im September 1939 ungeklärt.

[5] Falls die Angabe stimmt, mag es sich um einen verzweifelten Versuch, eventuell auf der Westerplatte verbliebene Polizisten tot oder lebend zu evakuieren, gehandelt haben.

Zusammenfassung

In Polen und in der Bundesrepublik Deutschland, aber auch in Schweden glaubt man allgemein, der Beginn des Zweiten Weltkrieges habe sich in Danzig folgendermaßen abgespielt:
Unter dem Schein, einen Freundschaftsbesuch abzustatten, senden die Deutschen das Linienschiff »Schleswig-Holstein« in die Freie Stadt. Es hat den Auftrag, zum befohlenen Zeitpunkt den polnischen militärischen Außenposten dort – die Westerplatte – im Handstreich zu nehmen. Dafür sollen die schwere Schiffsartillerie und eine an Bord versteckte Marinestoßtruppkompanie eingesetzt werden. Mit anderen Worten – eine moderne Version des trojanischen Pferdes.
Eine Auswertung der zeitgenössischen deutschen Quellen zeigt, daß dieses Bild völlig falsch ist. Die »Schleswig-Holstein« wurde auf Verlangen des Heeres, aber gegen den Willen der Kriegsmarine nach Danzig geschickt. Das Heer wünschte Unterstützung durch schwere Artillerie, um die polnische Küstenverteidigung von Gdingen bis Hela aufrollen zu können. Aber das Heer übersah, daß die Voraussetzung für die Artillerieunterstützung der »Schleswig-Holstein« die Beseitigung der polnischen militärischen Anlagen bei der Einfahrt nach Danzig war. Die Heeresoffiziere in Danzig beabsichtigten jedoch lediglich, die Polen auf der Westerplatte zu bewachen. Dagegen gaben die Marinevertreter in Danzig der deutschen Kriegsmarine den eindeutigen Bescheid, die Westerplatte werde bei Kriegsbeginn von Danziger Verbänden genommen werden.
Die Folgen dieser mangelhaften Zusammenarbeit zwischen den Wehrmachtteilen mußte der Kommandant der »Schleswig-Holstein« tragen. Nachdem er am 25. August in Danzig über die tatsächliche Planung unterrichtet worden war, mußte er sich zu einer improvisierten und isolierten Operation gegen die Westerplatte entschließen, um seine Hauptaufgabe lösen zu können.

Den Entschluß anzugreifen, mußte der Kommandant aufgrund äußerst mangelhafter Feindnachrichten fassen. Die deutsche Seekriegsleitung hatte nämlich vergessen, ihm ihre recht detaillierten und korrekten Informationen über die Westerplatte weiterzugeben. Und in Danzig konnte er keine eigentlichen Informationen erhalten.

Stärke und Widerstandswille der polnischen Verteidigung wurden gröblich unterschätzt. Zwei Angriffe der Marinestoßtruppkompanie am 1. September wurden unter hohen Verlusten für die Deutschen zurückgeschlagen.

Diese Rückschläge führten dazu, daß die Deutschen die Stärke der polnischen Verteidigung nun erheblich überschätzten. Zudem wurde jetzt das, was als eine Nebenoperation auf Kompanieebene begonnen hatte, für die politische Führung Deutschlands zu einer Frage des Prestiges.

Am 2. September befahl Hitler ausdrücklich, die Westerplatte noch am selben Tag zu nehmen. Erst nach wiederholten eindringlichen Vorstellungen seitens des Oberkommandos des Heeres war er schließlich am 4. September bereit, den Angriff aufzuschieben und den örtlichen Befehlshaber den Zeitpunkt dafür bestimmen zu lassen. Unter Hinweis auf die vermeintliche Stärke der polnischen Verteidigung war es den Militärs gelungen, Hitler davon zu überzeugen, daß ein neuer Angriff sorgfältig vorbereitet werden müsse, wolle man nicht einen weiteren Rückschlag riskieren.

Das Prestigedenken führte auch dazu, daß man selbst auf höchster Ebene einige weitere Operationen nicht koordinierte. Göring, der sowohl als Politiker als auch als Oberbefehlshaber der Luftwaffe handeln konnte, befahl am 2. September einen Stuka-Angriff gegen die Westerplatte. Der Angriff fand am selben Abend statt. Nach Angabe des polnischen Kommandanten war er so wirkungsvoll, daß ein unmittelbar anschließender Infanterieangriff den polnischen Widerstand gebrochen hätte. Aber da Göring auf eigene Faust gehandelt hatte, war der Luftangriff nicht mit Operationen der vor der Westerplatte liegenden Einheiten koordiniert worden. Die Polen erhielten eine Atempause.

In gewisser Weise war auch die Beschießung der Westerplatte am 4. September durch zwei deutsche Kriegsschiffe von See her eine Einzeloperation. Das Feuer gefährdete übrigens Danzig, weshalb der zuständige deutsche Marinebefehlshaber derartige Beschießungen verbot.

Dies alles zeigt, daß die mangelhafte Planung und die Überschätzung der polnischen Widerstandskraft seitens der Deutschen weitreichende Folgen hatten. Erstens wurde jetzt der polnische Außenposten militärisch wichtig. Er hinderte die »Schleswig-Holstein« daran, den Danziger Verbänden Artillerieunterstützung zu geben. Zum anderen beschäftigte er die deutschen militärischen Stäbe und die politische Führung bis in die höchsten Stellen. Und nicht zuletzt band er weitere deutsche Kräfte. So wurde extra ein Pionierverband aus Mitteldeutschland zur Westerplatte befohlen, um die vermeintlichen starken polnischen Verteidigungsanlagen dort zu bezwingen. Vor allem der Kommandeur der Pioniere war von der großen Widerstandskraft dieser Verteidigungsanlagen überzeugt. Daher verlangte er beachtliche materielle und personelle Verstärkungen, ehe ein neuer Angriff unternommen werden könnte. U. a. forderte er Sturmboote für die Pioniere, um den Hafenkanal an mehreren Stellen zugleich überschreiten zu können. Vor allem aber seien sorgfältige Erkundungen nötig. Deshalb führten die Deutschen am 7. September eine gewaltsame Aufklärung durch.

Die Polen waren sich ihrer wichtigen Rolle nicht bewußt. Aus Gründen des politischen Prestiges hatten sie Befehl, 12 Stunden Widerstand zu leisten. Sie hielten nahezu sieben Tage stand. Sie fühlten sich aber immer mehr isoliert und immer stärkerem deutschen Druck ausgesetzt, vor allem weil die Verwundeten nicht ausreichend versorgt werden konnten. Bereits nach dem Stuka-Angriff am 2. September scheint der Kommandant die Kapitulation erwogen zu haben. Doch beschloß er nach einer Beratung mit seinen Offizieren, den Kampf fortzusetzen. Die gewaltsame Aufklärung am 7. September, der eine starke Artillerievorbereitung vorausging, wurde als ernstgemeinter Sturmangriff aufgefaßt, der jedoch zurückgeschlagen werden konnte. Ein neuer Angriff hätte sicher zum Nahkampf geführt. Das wollte er mit Rücksicht auf die Verwundeten auf jeden Fall vermeiden. Der Kommandant der Westerplatte ließ die weiße Flagge zeigen.

Der Kampf um die Westerplatte zeigt, daß jeder Kampf seine eigene Dynamik entwickelt und selten ausgearbeiteten Plänen

folgt. In diesem Fall war allerdings die deutsche Planung äußerst mangelhaft. Aber das wirkte sich auch auf die polnische aus, da der Westerplatte jetzt eine Rolle zufiel, die ihr niemals zugedacht war.
Auch wenn immer noch einige Fragen unbeantwortet und einige Details ungeklärt sind, ist festzustellen, daß die Umstände und der Verlauf der Kämpfe um die Westerplatte im wesentlichen und in vielen Einzelheiten klargestellt werden konnten.

Quellen und Literatur

1. Ungedruckte Quellen

a) Bundesarchiv - Militärarchiv Freiburg i. Br., Bundesrepublik Deutschland (BA-MA)

III M 155/8: 1. Skl., Fall »Weiß«, Heft 7, Auslösungsbefehle
III M 1000/1: Kriegstagebuch der Seekriegsleitung. 1. Abteilung. Teil A
M 521/38643: Kriegstagebuch des Marine-Gruppenkommandos Ost
M 521/38661-669: Kriegstagebuch des Kommandierenden Admirals der Marinestation der Ostsee
III M 205/1: Kriegstagebuch des Führers der Minensuchboote Ost
M 1274: Kriegstagebuch des Führers der Luft Ost
M 887/48503–48504: Kriegstagebuch des Linienschiffes »Schleswig-Holstein« mit Anlagen
M 589: Kriegstagebuch »von der Groeben«
M 957: Kriegstagebuch »T 196«
RH 19 II/3: Kriegstagebuch der Heeresgruppe Nord (Polen) Ia
RM 118/28: Kriegstagebuch der Küstenfliegergruppe 306
RM 118/135: Kriegstagebuch der Küstenfliegergruppe 506
RL 10/338: Kriegstagebuch der III./Stuka Immelmann 2

b) Im Privatbesitz in Hamburg, Bundesrepublik Deutschland

Kriegstagebuch Dr. med. habil. Ernst Heinsius

c) The Polish Institute and Sikorski Museum, London, Großbritannien

Sucharski, H., Przebieg dzialan na Westerplatte (Gdańsk) od 1 do 7 września 1939 roku (abgeschlossen 1945)
Unrug, J., Sprawozdanie bylego Dowódcy Floty, Kontr-Admiral Józefa Unruga z walk o polskie Wybreze Morskie w roku 1939 (verfaßt 1945 mit späteren Ergänzungen)

d) Im Privatbesitz von Bertil Stjernfelt, Täby, Schweden

Kleikamp, G., Die Kämpfe deutscher Schiffsartillerie gegen polnischen Küsten-Batterien zu Beginn des letzten Krieges in der Danziger Bucht (verfaßt 1948, mit Skizzen und zeitgenössischen Fotos ergänzt)
Korrespondenz Bertil Stjernfelts mit:
A. Rzepniewski (16. 12. 1977)
R. Witkowski (7. 4. 1978, 28. 5. 1978)
B. Wroński (30. 4. 1978)

Interviews Bertil Stjernfelts mit:
Z. Flisowski (8. 3. 1978)
A. Rzepniewski (6. 3. 1978)
R. Witkowski (9. 3. 1978)
B. Wroński (12. 8. 1976)

2. Gedruckte Quellen

a) Deutsche Dienstschriften

M. Dv. 601/11 – Die deutsche Kriegsmarine im Feldzug gegen Polen, September 1939, Berlin 1943 (= Operationen und Taktik. Auswertung wichtiger Ereignisse des Seekrieges, H. 11)
Oberkommando der Luftwaffe, Orientierungsheft Polen der Fliegertruppe und Flakartillerie, Berlin 1939
Oberkommando des Heeres, Die polnische Landesbefestigung, Berlin 1939
Reichskriegsministerium, Handbuch für Generalstabsoffiziere, Berlin 1938

b) Tagebücher und Erinnerungen

Burckhardt, C., Meine Danziger Mission 1937–1939, München 1960
Halder, F., Kriegstagebuch, Bd 1, Vom Polenfeldzug bis zum Ende der Westoffensive (14. 8. 1939–30. 6. 1940). Bearb. von H.-A. Jacobsen in Verbindung mit A. Philippi, Stuttgart 1962
Flisowski, Z., Westerplatte. Zebrał, opracował i wstępem opatrzył, Warschau 71974
Relacja niemieckiego oficera o walce na Westerplatte we wrzesniu 1939 roku. Hrsg. von M. Pelczar, Warschau und Posen 1974 (zit. Pelczar/Aurich)
Stjernfelt, B., Striderna kring Westerplatte och Hela ur tysk synvinkel, in: Tidskrift för kustartilleriet, 1949, S. 81–103
Sucharski, H., Przebiag dzialan na Westerplatte (Gdańsk) od 1 do 7 wrzesnia 1939 roku, in: Bellona, 1957/II, S. 69–75
Ziehm, E., Aus meiner politischen Arbeit in Danzig 1914–1939, Marburg/Lahn 1956

3. Literatur

Bachmann, H. R., De polske undervandsbaade og deres inflydelse paa den tyske sø krigsførelse i Østersøen under septemberfelttoget 1939, in: Tidskrift i Søvaesen, 1969, S. 282–291, 329–350
Ders., Die polnische U-Boot-Division im September 1939, in: Marine-Rundschau, 67 (1970), S. 17–35
Ders., Der Kampf um Hela (1. September – 1. Oktober 1939), in: Wehrwissenschaftliche Rundschau, 20 (1970), S. 275–296
Bethell, N., The War Hitler Won. September 1939, London 1972
Carr, W., Arms, Autarky, and Agression. A Study in German Foreign Policy 1933–1939, New York 1973
Dahms, H.-G., Der Zweite Weltkrieg, Tübingen 1960
Deist, W., Die Aufrüstung der Wehrmacht, in: ders. u. a., Ursachen und Voraussetzungen der deutschen Kriegspolitik, Stuttgart 1979 (= Das Deutsche Reich und der Zweite Weltkrieg, Bd. 1), S. 371–532

Denne, L., Das Danzig-Problem in der deutschen Außenpolitik 1934–1939, Bonn 1959
Dülffer, J., Die Reichs- und Kriegsmarine 1918–1939, in: Deutsche Marinegeschichte der Neuzeit, München 1977 (= Handbuch zur deutschen Militärgeschichte 1648–1939, VIII), S. 337–488
Z Dziejów wojny wyzwoleńczej narodu polskiego 1939–1945. Materialy do szkolenia politycznego. Redakteur R. Szulczyński, Warschau 1960
Gröner, E., Die deutschen Kriegsschiffe 1815–1945, Bd 1, München 1966
Gruchmann, L., Der Zweite Weltkrieg. Kriegführung und Politik, München 1967 (= dtv-Weltgeschichte des 20. Jahrhunderts, Bd 10)
Jacobsen, H.-A., 1939–1945. Der Zweite Weltkrieg in Chronik und Dokumenten, Darmstadt 1959
Ders., Nationalsozialistische Außenpolitik 1933–1938, Frankfurt a. M., Berlin 1968
Jensen, O. H., Anden Verdenskrig. Hvornar skete det? Kopenhagen 1968
Jurga, T., Polish Strategy in the Defensive War in 1939. Military Technique, Policy, and Strategy in History, Warschau 1976
Klietmann, K.-G., Die Waffen-SS. Eine Dokumentation, Osnabrück 1965
Krzysanowski, L., Stadtführer Gdansk – Sopot – Gdynia, Warschau o. J. (1974?)
Lohmann, W., und H. H. Hildebrand, Die deutsche Kriegsmarine 1939–1945. Gliederung – Einsatz – Stellenbesetzung, 3 Bde, Bad Nauheim 1956–1964
Messerschmidt, M., Außenpolitik und Kriegsvorbereitung, in: W. Deist u. a., Ursachen und Voraussetzungen der deutschen Kriegspolitik, Stuttgart 1979 (= Das Deutsche Reich und der Zweite Weltkrieg, Bd 1), S. 535–702
Renz, O. W. v., Deutsche Flug-Abwehr im 20. Jahrhundert. Flak-Entwicklung in Vergangenheit und Zukunft, Berlin, Frankfurt a. M. 1960
Rhode, G., Kleine Geschichte Polens, Darmstadt 1965
Ruge, F., Von der Tätigkeit der Kriegsmarine, insbesondere der Minensuchboote, im Kampf gegen Polen im Herbst 1939, in: Nauticus, 24 (1941), S. 42–59
Rzepniewski, A., Obrona Wybrzeza w 1939 r., Warschau [2]1974
Salewski, M., Das Kriegstagebuch der deutschen Seekriegsleitung im Zweiten Weltkrieg, in: Marine-Rundschau, 64 (1967), S. 137–145
Ders., Die deutsche Seekriegsleitung 1935–1945, Bd 1, Frankfurt a. M. 1970, Bd 2, München 1975
Ders., Die bewaffnete Macht im Dritten Reich 1933–1939, in: Wehrmacht und Nationalsozialismus 1933–1939, München 1978 (= Handbuch zur deutschen Militärgeschichte 1648–1939, VII), S. 13–287
Schindler, H., Mosty und Dirschau 1939. Zwei Handstreiche der Wehrmacht vor Beginn des Polenfeldzuges, Freiburg [2]1979 (= Einzelschriften zur militärischen Geschichte des Zweiten Weltkrieges, Bd 7)
Tessin, G., Zur Geschichte der Ordnungspolizei 1936–1945, Teil 2, Die Stäbe und Truppen der Ordnungspolizei, Koblenz 1957 (= Schriften des Bundesarchivs, Bd 3)
Unrug, J., Wie die polnische Kriegsflotte entstanden ist. 1918–1939, in: Marine-Rundschau, 64 (1966), S. 199–206
Die Verbände der Luftwaffe 1935–1945. Gliederungen und Kurzchroniken. Eine Dokumentation. Hrsg. von W. Dierisch, Stuttgart 1976
Vormann, N. v., Der Feldzug in Polen, Frankfurt a. M. 1958

Wásko, Z., und R. Witkowski, Wojsko polskie. Krotki informator historyczny o Wojsku Polskim w latach II wojny swiatowej, Bd 10, Warschau 1976
Weibel-Altmeyer, H., Das erste Todeskommando des Zweiten Weltkrieges, in: Quick, 1974, Nr. 36
Wereszycki, H., Toward Total Dictatorship (1931–1939). History of Poland, Warschau 1968
Weyers Taschenbuch der Kriegsflotten 1939, München und Berlin 1939
Witkowski, R., Westerplatte. Historia i dzień dzisiejszy, Danzig 1977
Wojna obronna Polski 1939. Wybór źródeł. Hrsg. vom Wojskowy Instityt Historyczny, Warschau 1968
Wroński, B., Polska Marynarka Wojenna w kampanii polsko-niemieckiej 1939 r., in: Bellona, 1953/III, S. 3–12
Ders., Polskie Siły Zbrojne w drugeij wojnie światowej. Tom I, Kampania Wrześniowa 1939. Cheść 5, Marynarka Wojenna i obrona polskiego Wybrzeza, London 1962

Personenregister

Bd. 8: Gert Fricke: Kroatien 1941–1944. Der »Unabhängige Staat« in der Sicht des Deutschen Bevollmächtigten Generals in Agram, Glaise von Horstenau. (1972), 206 S., (vergriffen)

Bd. 9: Hubert Jeschke: U-Boottaktik. Zur deutschen U-Boottaktik 1900–1945. (1972), 120 S., (vergriffen)

Bd. 10: Gerd Linde: Burma 1943 und 1944. Die Expedition Orde C. Wingates. (1972), 207 S., 9 DM

Bd. 11: Wilhelm Meier-Dörnberg: Die Ölversorgung der Kriegsmarine 1935–1945. (1973), 111 S., (vergriffen)

Bd. 12: Rudolf Steiger: Panzertaktik im Spiegel deutscher Kriegstagebücher 1939–1941. 3., unv. Aufl. 1975 ([1]1973, [2]1974), 204 S., 12 DM

Bd. 13: Schuur, Martens, Koehler: Führungsprobleme der Marine im II. Weltkrieg. (1973), 128 S., 9 DM

Bd. 14: Joachim Hoffmann: Deutsche und Kalmyken 1942–1945. 3., veränd. Aufl. 1977 ([1]1973, [2]1974), 214 S., 9 DM

Bd. 15: Rolf Elble: Die Schlacht an der Bzura im September 1939 aus deutscher und polnischer Sicht. (1975), 266 S., 10 DM

Bd. 16: Jürgen Förster: Stalingrad. Risse im Bündnis 1942/43. (1975), 172 S., 10 DM

Bd. 17: Klaus A. Meier: Guernica, 26. 4. 1937. Die deutsche Intervention in Spanien und der »Fall Guernica«. 2. Aufl. 1977 ([1]1975), 166 S., 10 DM

Bd. 18: Hans Joachim Lorbeer: Westmächte gegen die Sowjetunion 1939–1941. (1975), 143 S., 10 DM

Bd. 19: Joachim Hoffmann: Die Ostlegionen 1941–1943. (1976), 197 S., 10 DM

Bd. 20: Heinz Magenheimer: Abwehrschlacht an der Weichsel 1945. (1976), 163 S., 12 DM

Bd. 21: Adalbert von Taysen: Tobruk 1941. Der Kampf in Nordafrika. (1976), 382 S., 20 DM

Bd. 22: Hans Wegmüller: Die Abwehr der Invasion.
Die Konzeption der Oberbefehlshabers West 1940–44. (1979), 316 S., 17 DM

Bd. 23: Bertil Stjernfelt, Klaus-Richard Böhme: Westerplatte 1939. (1979), 160 S., 13 DM

Bd. 24: Bernd-Philipp Schröder: Irak 1941. Ca. 144 S. (erscheint 1980)

rombach+co